国家社会科学基金项目

我国社会资源配置评价与社会分层关系研究

王申贺 著

山东大学出版社

图书在版编目(CIP)数据

我国社会资源配置评价与社会分层关系研究/王申贺著.—济南:山东大学出版社,2018.10

ISBN 978-7-5607-6225-8

Ⅰ.①我… Ⅱ.①王… Ⅲ.①资源配置—影响—社会阶层—研究—中国 Ⅳ.①D663

中国版本图书馆 CIP 数据核字(2018)第 262774 号

责任编辑:张　瑞
封面设计:张　荔

出版发行:山东大学出版社
社　址　山东省济南市山大南路 20 号
邮　编　250100
电　话　市场部(0531)88363008
经　销:新华书店
印　刷:济南景升印业有限公司
规　格:720 毫米×1000 毫米　1/16
10.5 印张　157 千字
版　次:2018 年 10 月第 1 版
印　次:2018 年 10 月第 1 次印刷
定　价:39.00 元

目　录

绪 论

2018 年 2 月，国家统计局发布了上一年的统计指标：2017 全年国内生产总值 827122 亿元，比上年增长 6.9%，稳居世界第二；全年人均国内生产总值 59660 元，比上年增长 6.3%；全年国民总收入 825016 亿元，比上年增长 7.0%。根据世界银行 2010 年的标准[①]及以可比数据测算，我国均 GNI 从 3000 美元增长到 9000 美元期间，就已进入了中等收入国家行列了。2012 年 11 月 28 日，时任国务院副总理的李克强在会见世界银行行长金墉时也提到，中国已进入中等收入国家行列。这说明我国的改革开放在经济上取得了成功。提及中等收入国家也许会使人联想到另外一种经济社会现象——“中等收入陷阱”。从世界范围来看，能够依靠自身改革成功跨越“中等收入陷阱”的国家并不多。自 1950 年以来，在全球超过 100 万人口的国家和地区中，只有日本、“亚洲四小龙”[②]、沙特等少数几个经济体从低收入跃升到高收入行列。而更多的国家，如阿根廷、墨

---

① 世界银行是按人均国民总收入(GNI)将世界各国的经济发展水平分为四类，分类标准则随着经济的发展而不断调整。如 2010 年，低收入经济体人均 GNI 为 1005 美元或以下者，下中等收入经济体人均 GNI 为 1006～3975 美元，上中等收入经济体人均 GNI 为 3976～12275 美元，高收入经济体人均 GNI 为 12276 美元或以上者。当年中国人均 GNI 为 4260 美元，在全球经济体中排名第 121 位，居于上中等收入经济体的行列。

② 指韩国、新加坡、中国台湾、中国香港。

西哥、巴西、智利等在20世纪末就已步入中等发展阶段，但这几十年来一直因各种原因滞留在中等发展阶段，在“中等收入陷阱”中无力自拔。自我国迈进中等收入的门槛以来，机遇与挑战并存，我们应该从战略层面做好应对“中等收入陷阱”挑战的准备。因为这惊险的一跃关乎我国的未来走向及现代化的进程。

一、提高社会流动性，激活和释放社会发展活力

根据近50年世界各国经济发展的历程分析，大多数国家能够通过发展经济完成脱贫，跨越“贫困陷阱”。处在脱贫阶段的国家有很多优势，如劳动力成本优势，甚至连环境保护要求低、可以牺牲资源和环境换发展也成了优势，诸多优势累加有助于国家在一个低成本的平台上与其他国家竞争，以低成本优势摆脱贫困。一般来说，一个国家步入中等收入阶段之后，随着经济的发展以及人们生活水平的逐步提高，最先丧失的就是低工资、低物价基础上的廉价劳动力的比较优势。“中等收入国家会逐渐失去在劳动密集型行业的比较优势，在低收入阶段行之有效的经济增长战略将失去效力。”①资源和环境的优势也会逐渐耗尽，再加上国际市场初级产品的销路越来越窄，经济增长必须依靠产业升级，这时需要的是高新技术的研发与应用以及社会管理制度的创新，中等收入国家面临的竞争对手也换成了比自己强大的发达国家了。

从社会层面来看，在摆脱贫困的过程中，民众致富的愿望非常强烈，

① World Bank, *The Growth Report: Strategies for Sustained Growth and Inclusive Development*, World Bank Publications, 2008.

社会各阶层很容易在社会发展目标上达成共识。在社会发展之初,社会资源动员能力强,个体的发展起点差距小,上升空间也比较宽广。个人从一种职业向另一种职业、从一个阶层转向另一个阶层的流动保持着很高的速率,从而带来经济的高速增长。厉以宁曾研究指出,在从封建社会向资本主义社会的转变进程中,以社会身份变化为核心的社会流动对经济发展起到了积极的推动作用。他认为:“一个社会从刚性体制向弹性体制转变的重要环节……就是要充分利用社会流动性。”[①]社会流动可以使不同阶层的成员相互交往、彼此沟通,在一定程度上消除误解和偏见,缓和社会阶层间的对立和冲突。据黄仁宇研究,中国封建社会主要存在两个阶层,即士绅阶层和农民阶层,连接这两个阶层的纽带就是科举考试,“一个优秀分子集团的成员又因为社会之向上及向下的流动性不时更换”[②]。科举考试促成了中国封建社会最基本的社会流动,社会结构在阶层交换中保持大致的稳定,正是这样特殊的流动通道使中国封建社会延续超过了 2000 多年。[③] 对于社会结构来说,合理的社会流动是社会机制正常运行不可或缺的部分,对社会结构的整合能够产生积极的作用。反之,一些国家的经济停滞和衰退与社会阶层固化密切相关。蔡洪滨认为,“社会流动性的下降,正是拉美国家陷入中等收入陷阱的重要原因”[④],一个国家只要保持较高的社会流动性,经济长期增长就有基本的保证。因此,“中国要避免‘中等收入陷阱’,关键是要保持一个合理的社会流动性,而最重要的渠道就是要保障所有人都能够公平地获得受教育的机会”[⑤]。从社会结构和社会群体的发展来看,社会流动至少具备以下三个方面的积极

---

① 厉以宁:《资本主义的起源——比较经济史研究》,商务印书馆 2003 年版,第 46、48 页。

② 黄仁宇:《中国大历史》,三联书店 1997 年版,第 192～193 页。

③ 参见黄仁宇:《中国大历史》,第 192～193 页。

④ 叶帆整理:《收入差距扩大严重拖累经济发展》,2013 年 6 月 9 日《人民日报》。

⑤ 蔡洪滨:《中国经济转型与社会流动性》,《比较》2011 年第 2 期。

作用：

第一，有效地改变社会成员的社会地位，激发所有社会成员参与社会发展的积极性。在封闭的传统社会中，社会成员的社会地位的获得主要依赖血缘、地缘等先赋性因素，社会各阶层之间的社会流动受到严格的限制。“传统社会就是以关系来规定人的身份、地位的，人通过‘血缘关系’—这一社会资本可以获得低位、声望。”①成员个体很难通过自己的努力向上流动以改变社会位置，社会背景成为推进社会流动的第一因素，这严重挫伤了社会成员的积极性，造成整个社会结构更替机制的停滞和固化。社会流动为各阶层成员改变自己的社会地位提供了机会，无论出生在什么地方、什么家庭，大致上都有一个公平的机会，即所谓“起点公平”，社会成员可以通过自身的努力改善原有的社会关系，提高自己的社会地位。对于社会成员来说，这种改变意味着社会对自身价值和努力的肯定。通过改变自己的社会地位，社会成员又为自己进一步再向上流动创造条件。努力向上流动的社会成员能使其他人群产生自然的应激反应，促使其更加警醒、发愤、调整、效仿和超越。“社会分化在一定程度上起到了对社会成员的‘激励’作用”②，通过社会流动改变不正常的社会生态结构，激发出社会更大的发展活力。

第二，帮助建立社会成员之间的平等关系。社会流动的意义不仅仅在于为社会成员提供改变自己社会地位的机会，更重要的是帮助处于不同社会位置的社会成员建立平等的关系。这种平等关系与平均主义宣扬的所有社会成员具有相同的社会地位不一样，它强调的是发展机会上的平等，也就是起点公平，即所有具备一定天赋和才华的社会成员不分血缘

---

① 卜长莉：《社会资本与和谐社会》，社会科学文献出版社 2008 年版，第 350 页

② 朱光磊等：《当代中国社会各阶层分析》，天津人民出版社 2007 年版，第 32 页。

和地缘，都可以在一个平台上进行竞争，以此获得改变自己社会地位的机会，比如高考、公务员考试等平台。这意味着阶层之间的隔膜可以被打破，从而在社会制度上剥离社会地位与出身、职业之间的关联。社会的流动性越充裕，社会结构就越开放，不同社会地位的社会成员的发展机会就会趋于平等，社会关系也会更加融洽。

第三，促进社会分层体系的优化，有利于形成合理的社会结构。社会分层体系在不发生基本结构变化的情况下，主要借助社会流动调适社会结构。社会流动主要从横向和纵向两个方面促进社会结构的优化。如城乡人口流动、职业间人口变动等属于横向的社会结构调整；如果社会流动发生在不同位序的阶层之间，就会形成社会结构的纵向流动，亦称“垂直流动”。一些阶层的人数增加，而另一些阶层的人数减少，就形成了社会各阶层之间的良性互动，有效避免了阶层发展中自我复制、代际传递现象的发生。如何创造有效的社会机制来保证社会流动以适应社会发展的需要，是现代社会结构整合的一大难题。生产力水平的提高和社会分化的加速都会使社会保持合理的人员流动，以使社会结构能够更好地适应社会和经济发展的客观要求。

进入中等收入阶段的国家面临冰火两重天的命运：有的一路高歌，继续在复兴之路上大步前进，踏进高收入国家行列，但更多的是不可阻挡地滑入“中等收入陷阱”的泥淖。这判若云泥的背后隐藏着什么样的秘密？很多经济学家对身陷“中等收入陷阱”的国家，如巴西、阿根廷、墨西哥等实行的经济政策进行了仔细研究，发现这些国家在经济上所作的探索基本是正确的，并未出现大的纰漏。不过，经济只是社会发展的一方面。陆学艺认为，国家建立的“现代化社会是一个完整的系统，不仅要实现经济现代化，而且必须实现社会现代化、政治现代化和文化现代化”[①]。社会发展是一个复杂的系统演进，除经济发展之外，还有政治、文化、社会建设、环境发展等多个方面，这些国家初期的经济增长强势恰恰掩盖了经济发展质量方面的问题，也掩盖了政治、法律、社会保障等方面发展滞后的问题。经济再重要也只是社会有机体的一面，仅靠经济上的单兵突进，不能助推整个社会完成跨越“中等收入陷阱”的惊险一跃。

纵观滞留中等发展阶段的国家和地区，很多没有搞清楚经济增长的目标在哪里，只是单纯地追求速度增长和规模扩张，忽视了经济发展更重要的是保障和改善民生，让发展成果惠及广大民众，通过公平公正的社会政策保持各阶层之间和谐的利益关系。康德曾说“人是目的本身而不是手段”[②]，而掉入陷阱的国家就是颠倒了这个基本关系，把少数人的需求当成全社会的目标，尤其是在社会收入分配方面没有秉承公平、公正的基本理念，导致在社会财富的占有上出现了两极分化的现象。

“在解决经济社会发展失衡问题、构建和谐社会的过程中，以社会公正为核心价值的社会政策的重要性凸显出来……任何有远见的政治家都不会忽略它的作用。”[③]上述陷入“中等收入陷阱”的国家在社会政策制定和实施的过程中，忽视了公平公正的基本准则，社会问题才变得越来越严重，以致于影响了经济的正常发展。在发展中，缺失公平公正的国家终生祸端。孔子在2000多年前就已提出：“有国有家者，不患寡而患不均，不患贫而患不安。”[④]这是孔子的国家财富分配观，其根本原则就是“不患寡而患不均”，这里讲的“均”就是公平。孔子认为，若一个国家在财富分配

① 陆学艺：《社会建设论》，社会科学文献出版社2012年版，第5页。

② [德]康德：《实用人类学》，邓晓芒译，重庆出版社1978年版，第1页。

③ 徐月宾、张秀兰：《中国政府在社会福利中的角色重建》，载徐月宾主编：《社会政策理论与实践》，中国劳动社会保障出版社2007年版，第501页。

④ 《论语·子路》。

中未坚持公平的原则，肯定会造成贫富差距太大从而引起社会动荡；相反，按照公平原则分配社会财富的国家则能够消灭贫困，即“均无贫”。2000 多年过去了，这些陷入“中等收入陷阱”的国家和地区在经济启动或者复苏后，没有遵从公平公正的理念及时调整社会政策，结果导致社会贫富分化严重、社会矛盾激化，整个社会深陷动荡不安的局面，甚至有一些国家还出现了大规模的社会冲突，反而影响了经济的发展。“收入差距扩大导致社会问题丛生、社会矛盾激化，甚至出现社会动乱，成为严重拖累经济增长的重要原因。”①这些教训对于刚刚步入中等发展阶段的中国而言极具警示意义。

2007 年，世界银行在《东亚与太平洋地区报告：危机 10 年后的状况》报告中分析了为什么只有很少的国家能够跨越中等发展阶段的问题，并提出实现这一历史性跨越，“所必需的那些政策和制度变化，在技术、政治和社会发展方面更复杂、更具挑战性”②。从人类文明进步史来看，良性的社会关系再生产的难度要远远高于物质产品的再生产难度。在经济改革方面，政府只需政策引导，社会成员就会去努力赚钱，大家赚到钱，国家经济也就发展起来了，政府除了增加税收之外，没有任何经济上的付出和损失。但社会改革就没有这么轻松了。因为国家在发展经济的过程中势必导致一部分社会成员的利益受损并陷入了贫困状态，在进行社会改革时，政府需要出钱或者从高收入社会阶层那里收税来帮助这部分社会成员。无论采用哪种方式推行社会改革，难度都是非常大的。

深陷“中等收入陷阱”的国家在发展前期虽然经济增长很快，但经济发展与政治体制之间的不协调，社会变革受到既得利益集团的羁绊而严

---

① 叶帆整理：《收入差距扩大严重拖累经济发展》，2013 年 6 月 9 日《人民日报》。

② World Bank, “10 Years After the Crisis”, in Washington D. C., *World Bank East Asia and Pacific Updated*, The World Bank East Asia and Pacific Region, April 2007, p. 3.

重滞后于经济的发展。这些国家大多是社会管理制度落后、缺少主流文化且文化总体落后，并没有随着经济增长而实现社会建设、社会管理的现代化，导致社会利益分配失衡，社会中少数利益集团占据了经济发展的大部分果实，出现了“经济增长，社会劣化”的二律背反局面。社会劣化的基本标志就是由社会流动性迟滞导致的社会结构固化板结，即占尽权力资源和经济资源的上层和没有上升空间、少有发展机会的下层都出现了明显的代际传递。面对收入分配差距日益拉大、城市失业率不断上升以及贫困人口的不断增加，社会各阶层在未来发展目标上丧失了共识，整个国家处于“一个断裂的社会”[①]中，主要表现为：在国民经济快速发展阶段积累的各种经济和社会矛盾集中爆发，经济出现大幅波动或陷入停滞。另外，一些国家如阿根廷、秘鲁等还出现了严重的政治危机和社会动荡。

公认的成功跨越“中等收入陷阱”的国家和地区主要有日本、韩国和“亚洲四小龙”，其中日本和韩国在经济、社会各个方面已经完成由中等收入国家向高收入国家的历史性跨越。[②] 在从中等收入国家跨入高收入国家的过程中，日本和韩国都保持了较高的经济发展速度，且跨越进程并不漫长，“日本花了大约 12 年时间，韩国则用了 8 年”[③]。从经济发展方式来看，它们基本转向依靠科技进步、提高劳动者素质、管理方式创新、生态友好的可持续发展方式。但从社会建设的角度来看，所有进入中等发展阶段的国家和地区会无一例外地遇到分配不公等严重威胁社会稳定的问题，进而影响经济的持续增长。日本和韩国在进入中等发展阶段后，或先

---

① 孙立平：《我们在开始面对一个断裂的社会？》，《战略与管理》2002 年第 2 期。

② “日本人均国内生产总值在 1972 年接近 3000 美元，到 1984 年突破 1 万美元。韩国 1987 年超过 3000 美元，1995 年达到了 11469 美元。”（方烨、王璐：《专家称改革受利益集团羁绊，致国家陷中等收入陷阱》，2011 年 8 月 8 日《经济参考报》）

③ 方烨、王璐：《专家称改革受利益集团羁绊，致国家陷中等收入陷阱》，2011 年 8 月 8 日《经济参考报》。

或后地推出了各种缓和贫富矛盾、照顾弱势群体的社会福利制度，并根据本国国情不断加以完善。

在跨越"中等收入陷阱"的过程中，韩国主要是推出了一系列与中等收入阶段相适应的"社会均等化"政策，如改善城乡差别，开展"新村运动"；重视教育发展，推进教育均等化，并以此作为提升人力资本的主要途径；出台政策，缩小收入差距，不断提高个人所得税起征点，降低税率。金大中在任总统期间强力打压财阀，通过改革、重组打破垄断，加强对富人收入的税务征管，对不动产征税，打击不动产投机。另外，为应对民智的开启、公民政治权利的扩大和民主意识的提高，韩国力推促进社会公平公正的政治经济改革，通过国家税收政策，增加农民和工人的实际收入，避免了财富差距两极化的出现；重视并加大教育，尤其是高等教育的投入，"1950 年，韩国教育经费占 GDP 比重仅为 2%，1984 年，教育经费占 GDP 的比例高达 14%，目前教育经费占 GDP 的比例保持在 7%左右"①。同时，政府不断完善社会保障和促进就业，增加普通百姓的实际收入，消灭绝对贫困；推行全民医疗保险、最低工资、国民年金等制度，解除国民后顾之忧。通过一系列"共享发展成果"政策的推动，韩国消弭了社会各阶层之间的隔膜和裂痕，实现了经济高速增长与社会建设的同步发展，把一个曾经腐败成风、"黑金"泛滥、贫弱不堪的韩国带进了现代国家治理体系之中。

日本也是因为有效地控制了社会各阶层之间的收入分配差距，依靠分权和制衡来抑制社会单极化的生成，确保了全社会利益的基本均衡，使日本成为发达国家中 20%最穷人群收入与最富有人群收入比值差异最小的国家。

---

① 樊继达：《韩国如何跨越"中等收入陷阱"》，2012 年 7 月 25 日《学习时报》。

改革开放之初相对充裕的社会流动性，是我国由计划经济体制向市场经济体制转型并保持经济高速增长的深层社会原因。社会成员都在充分利用市场经济提供的历史机遇，改变自己的命运，从而开辟了一个蓬勃向上的新时代。但在进入中等收入阶段后，社会流动的亢奋与和谐悄然而止，最近十几年的多种统计数据表明，我国的社会流动性不断下降，这与经济增长减速也是同步的。随着可分配的社会资源越来越稀缺，阶层间利益博弈趋于刚性，社会再分配的难度激增，阶层间的利益关系也变得严峻起来。国家投入到医疗保障、教育发展、社会救助等方面的巨额资金，在通货膨胀、物价上涨、高收费的浪潮中被吞没。社会精英阶层则利用他们在政治、经济、文化方面的独特优势，垄断了大量的社会资源，形成了非常稳固的既得利益集团，与之相对应的是社会中下层越来越难以获得有效的社会资源，以抵御市场经济下的巨大生存压力和风险，教育、医疗和住房的产业化将大众的生活成本迅速推高，失去了社会流动活力的社会中下层在社会保障制度缺失的情况下被甩到了社会结构的边缘。

各阶层之间形成了较为清晰的边界，政治精英、经济精英等强势阶层的代际传递性明显增强，处于经济社会位置较低阶层的子女要进入较高的阶层，已经没有能力上的从容和国家层面政策上的支撑，面临的阶层上升门槛明显抬高，社会流动障碍越来越多。社会中下阶层非常明确地感到来自精英群体的排斥，蔚成风气的“二代”现象成为代际传递、社会固化问题的最好注脚。

二、向社会改革寻求“改革红利”，助推我国跨越中等收入陷阱

长期以来，向上流动是大众生存与发展的精神追求和价值实现的唯一途径。即使在社会底层，在生活陷入困顿之际，向上流动的希望之火依然能够点亮贫困者的人生梦想。随着一部分人先富起来，社会制度、政府政策、价值观念不能继续保持对社会流动合理机制和规则的支持，但优势阶层会利用各种机会将自己优势进一步扩大、定型，通过阻断社会流动来减少竞争对手，从而导致其他阶层向上流动的机会越来越少。这个时期的市场经济规则还在完善之中，公平竞争的市场规则与政府行政管制之间仍在博弈，行政管理、政府垄断深深影响着市场作用的发挥，这导致部分管理阶层利用制度和政策缺陷谋求利益，尤其是利用行政权力侵蚀市场机会，这些率先获得社会资源的人成为先富者。同时，在各阶层的利益博弈中，政府没能扮演好一个中立的调停人的角色，这也在很大程度上阻碍了社会流动机制的确立和完善。

政府权力越位、收入分配差距、社会保障层次低等问题，与当今中国面临的挑战密切相关。一个国家能否跨越“中等收入陷阱”的关键就在于能否通过打破固有的利益格局，通过社会利益再平衡机制维系合理、公正、顺畅的社会流动。只有流动起来的社会，才会充满生机和活力，才能为实现社会公平正义提供基础保障，才能为每个公民实现自己的梦想提供现实基础。我国提出“中国梦”的概念后，很多人就不自觉地和“美国梦”互相比较。严格来说，习近平总书记把“中国梦”定义为实现中华民族的伟大复兴，蕴含着明确的集体主义价值诉求；而“美国梦”则明确以个人主义诉求为价值导向。“中国梦”不单纯以增强国家实力为价值追求。正

如习近平总书记所说:“中国梦归根到底是人民的梦,必须紧紧依靠人民来实现,必须不断为人民造福。”[①]“中国梦是历史的、现实的,也是未来的”[②],可以说“中国梦”悦纳了人民群众中个体的理想之梦,“中国梦是国家梦、民族梦,也是每个中华儿女的梦”[③]。国家、民族、社会、家庭、个人的共同发展,才可以形成一个牢不可破的利益共同体,进而铸就民族和国家的强盛。

社会流动性的下降给未来社会的发展带来了很大的不确定性。一个社会保持充裕的流动性意味着阶层差距、贫富差距及其内含的不平等只是动态的,可以被消除;相反,则可能变成静态的,各种社会不平等有被固化的危险,直接影响到社会发展的可持续性。其实,无论是“中国梦”还是“美国梦”,它们得以存在和实现的前提就是社会要有充分的流动性。在一个暮气沉沉的社会,社会下层是没有正常上升机会的。社会改革的首要目标就是要通过理顺各阶层之间的利益关系,防止社会流动性的下降,这个问题一旦解决不好,许多社会矛盾和社会冲突就会从底层反映出来。我们必须从制度、体制和政策层面入手,制定完善的公共政策,更重要的是通过增强政府提供公共服务的能力,推动社会资源配置改革,来均衡各阶层之间的利益关系,重新为社会流动注入活力。

第一,社会资源的公平配置必须依靠法律制度。现代国家的治理体系和治理能力形成的基本标识,就是严格规范公共权力基础上的社会管理的法治化、民主化和平等化。社会资源配置的公平公正也只能依靠法治才能做到。社会公平仅靠提倡无法达成,任何公平的设计必须有法律的保驾护航才能得以实现。市场经济保证各种所有制经济依法平等地使

---

① 2013 年 3 月 17 日,习近平在第十二届全国人民代表大会第一次会议上的讲话。
② 本书编写组编著:《党的十九大报告辅导读本》,人民出版社 2017 年版,第 69 页。
③ 2014 年 6 月 6 日,习近平在会见第七届世界华侨华人社团联谊大会代表时讲话。

用生产要素、公平参与市场竞争,尤其需要法律和信用的保护。法治的基本精神是法律面前人人平等,公民必须守法。任何权力都要被关进法律的笼子里,必须破除"官本位"观念、特权观念、权大于法等人治观念;任何个人和机构都不能因靠近社会资源或掌控社会资源配置就可以私贪多占。在法治社会中,法律保障公民的基本权益,也保护社会管理者履行职责,官民都要树立法律至上的依法治国理念,法治上升为调节各种社会利益关系的基本方式,成为构建社会主义和谐社会的开源基础。

第二,在社会均等化基础上,公平合理地配置社会资源。为使社会资源更加高效利用,就应当减少权力对社会流动机会的干预和侵占,即为每个人提供平等的发展机会,让人们在公平公正的社会环境下平等竞争。一方面,需要彻底改革现有户籍制度,真正做到社会资源配置与户籍完全脱钩,在实践层面打通城乡二元结构的藩篱。无论是从制度设计还是现行政策都应摒弃或明或暗的歧视和排斥,让社会各阶层平等地获得社会资源,使之有相对公平的发展机会。另一方面,必须清除阻碍社会流动中的制度设计,根据"非禁即入"的准则,清理原来设置的各种市场准入限制和职业准入限制,而且不再增加新的限制。相反,对于原来起点太低的社会群体,社会公平不仅意味着他们不受限制和排斥,政府还应在各方面给予他们鼓励和倾斜性的政策帮助。

第三,通过降低民生成本,增强社会的流动性。一个人的社会流动能力的获得除了来自政策性的社会资源之外,更多的是依靠个人的发展性消费。在一定时期,社会的消费能力是有限的,如果生活性消费比例太高,发展性消费自然就低。目前我国的社会福利保障制度还不够完善,如物价过高,人们面对生存压力过大的困境,直接影响个人在社会流动中的能力。一个人如果用一辈子去供养一套房,生一场大病便可能债台高筑甚至倾家荡产，孩子上完大学就使家庭经济陷入困境，这样的社会不会有太大的发展潜力，社会流动也会成为梦呓。改革开放初期的大发展，除了国家开放政策、人口红利以及中国人的勤劳外，非常重要的现实原因是当时国内物价非常低廉，相对国内收入也不高，所以不仅造就了经济的高速发展，同时社会流动速率也很高，底层对自己的发展充满期待，社会也充满生机和活力。从政府角度而言，首先要从改革分配政策入手，通过收入分配、税收调整和政府转移支付三个路径对社会总财富进行调整，尤其是通过收入分配和社会保障制度改革，提升政府在公共服务方面的投入标准，实实在在地提高老百姓的劳动收入和消费能力。另外，通过调整物价和财政补贴政策，建立“低生存成本型社会”，全面降低衣、食、住、行等基本生存方面的开支，减轻人民群众的生存压力，使广大民众摆脱为生存而奋争的低质发展状态，将更多的收入投入到其他方面的发展中去。

第四，切实加大社会资源在政府公共服务上的投入力度，重点增加对教育、医疗和社会保障三项主要公共服务的财政投入。“履行好政府再分配调节职能，加快推进基本公共服务均等化，缩小收入分配差距。”[①]财富占有上的严重不平等的起因是收入上的不平等，而根本的原因是多数人只拥有少量的社会资源，且这种资源层面的困境在短期内已无法改变。税前收入的差距是国家仅靠税收调整而无法弥合的财富鸿沟，更难在短时期内解决业已形成的社会不平等问题。因此，除了加大一次分配中收入比例的调整外，更重要的是要提高社会福利，增加政府公共服务供给。目前由于社会保障制度建设滞后，民众在教育、医疗、就业、养老等政府提供的公共服务方面所得有限，这些本应有政府承担的民生公共开支，民众只能自行解决，大大加重了生存压力，在客观上限制了民众向上流动的能

① 本书编写组编著:《党的十九大报告辅导读本》,第46页。

力。针对这种状况，政府一方面要大幅增加对教育、医疗和社会保障的财政投入，弥补历史欠账，扩大我国社会保障覆盖层次，不断提升保障标准，由济危救困转向普惠全民，真正使社会保障制度成为全民改善生存和发展的安全网；另一方面要从制度设计上解决教育、医疗和社会保障的不平等问题，以保障城乡居民生存和发展权利的平等。通过社会资源的再分配体系，加强对广大人民群众，特别是困难群众的权益保护，确保起点公平。从长期经济增长的角度来分析，教育和社会保障资源配置的均等化、公平化可能比增加总量投入还重要。总之，今后政府管理应把提高社会公共服务水平，实现基本公共服务均等作为配置社会资源的主要政策路径。

作为社会的组织者和管理者的政府部门，面对越来越复杂、越来越多样化的社会改革需求，应当通过社会改革以及社会关系的改善，构建一个适合现代国家发展的社会结构，在这个过程中必须确保社会各阶层融入主流社会，防止和避免任何群体在社会发展中被边缘化或者被抛离；通过社会资源配置，促进平等和机会均等，推进旨在使各阶层，特别是包括社会弱势阶层在内的和谐相处的社会融合战略，并以此作为政府顶层设计的价值目标。

第一章　社会资源理论在社会学中的应用

本课题关注的是社会学的核心命题之一——社会资源配置，它是“对社会利益的一种规范性分配”①，直接关切社会分配与社会平等的基础理念形成，直接引导社会分层和社会结构的形成。社会分层和社会流动是社会学视野中的核心领域，通过社会流动完成个人身份的再生产，并在社会结构中呈现层化现象，促成这个复杂转换的是社会资源的配置和传递，社会分层实际上是对社会群体拥有社会资源的状况进行剖面分析的结果。李强提出，所谓社会分层就是“社会成员或社会群体因社会资源占有不同而产生的层化或差异现象，尤其是指建立在法律、法规基础上的制度化的社会差异体系”②。社会结构中的阶层是基于社会资源配置呈现差异且固定下来的结果。由此看来，社会学的许多基本范畴，如社会公平正义、社会流动、阶层分化等，借助社会资源配置来定义会更加清晰。

在经过市场经济初期的喧嚣后，社会流动不畅导致的阶层复制、代际传递现象引发了社会的关注，子代的地位在很大程度上是由父代决定的，个人的奋斗之路变得越来越狭窄，这也再次验证了社会流动趋缓会导致

① 金家厚：《深化社会资源配置领域的改革》，《开放导报》2013 年第 12 期。

② 李强：《社会分层十讲》，第 1 页。

社会结构固化、阶层内卷化的命题。当然，更深层的原因还是各阶层获取社会资源机会、影响公共政策能力的巨大差异和不平等状况的固定化、结构化。因为社会资源的占有和使用与社会成员的根本利益、未来发展潜力密切相连。社会资源配置实际上是从制度层面决定了什么人可以获得发展机会、什么人可能会因失去必需的社会资源而丧失发展机会。因此，社会资源配置的公平性和平等性，是均衡社会结构和维系社会稳定发展的前提，社会资源配置研究成为透视社会流动、社会公平的重要视角之一。

一、社会资源的概念及理解

"社会资源"并不是特定的社会学术语，是从其他学科概念迁延而来的。经济学和管理学认为一切有价值、有用的实物和虚拟物品都是"资源"，资源分类也名目繁多。基于市场运行中经济因素的特殊价值，资源分为"经济资源"和"非经济资源"。社会资源在社会学研究中有自己特定的含义，可以从宏观、中观、微观三个层面来界定。

宏观意义上的社会资源直接迁移于其他学科，尤其是经济学的定义，它指的是包括经济资源在内的全部社会资源，是经济资源与非经济资源的总和，即"整个社会所拥有的资源，包括自然资源、物质资源、财力资源、人力资源以及图书资源，乃至于电子计算机系统中的硬件和软件等"[①]。这种把社会资源理解为海纳百川的大"资源包"泛化进社会学理论中，没有刻意强调概念的学科专属性，在实际研究中这种宏观定义方式仍不鲜见。

---

① 王康：《社会学词典》，山东人民出版社 1988 年版，第 258 页。

郑杭生先生是国内较早从现代国家发展意义方面关注社会资源及其配置问题的社会学家，他多次撰文呼吁加强对“社会资源”及其在社会建设中的特殊价值进行研究。他撰写了很多文章来阐述自己的观点，他提出：“所谓‘社会资源’，是指一个社会及其社会个体赖以生存和发展所需的人力、财力、物力、机会等生产和生活资料。”[①]他基本上是从宏观意义上使用社会资源概念的。不过概念本身不是研究者关注的重点，他更关切社会资源配置方式。他认为：“所谓‘社会资源配置’则是指上述各种资源在各种不同的使用方向之间的分配；只有选择合理的、高效的社会资源配置方式，才能使有限资源的开发利用达到最佳效果。”[②]在相关研究中，他把社会资源配置对一个人建构自己未来社会位置的作用提升到前所未有的高度，他认为，“社会建设、改善民生问题、追求共同富裕，归根结底，离不开社会资源和社会机会的合理配置和获取；社会正义就是社会资源和社会机会配置的公平性和平等性”[③]。郑杭生已经把社会平等、社会公正与社会资源、社会机会配置的公正性完全对应起来。他还指出，社会建设的核心问题是更加公平合理地配置社会资源和社会机会。这些观点对我们思考社会资源配置问题有很重要的启迪价值。

李强则是更加强调从宏观意义上来定义社会资源。他提出，社会资源就是“对人有价值的全部资源的总称，它包括：政治资源、经济资源、文化资源等等。当然，在社会资源中最核心的还是包括财产、收入在内的经济资源”[④]。社会资源是人类社会生存和发展的基础，是社会成员进行各类活动的前提。总的来看，个人所拥有的社会资源包括政治(组织)资源、

① 郑杭生：《抓住社会资源和机会公平配置这个关键》，《求是》2013年第7期。
② 郑杭生：《抓住社会资源和机会公平配置这个关键》，《求是》2013年第7期。
③ 郑杭生：《抓住社会资源和机会公平配置这个关键》，《求是》2013年第7期。
④ 李强：《社会分层十讲》，社会科学文献出版社2008年版，第1页。

经济资源、文化资源和个人能力资源。

当然，作为一门学科，更多的学者还是从社会学语境出发，使用中观和微观层面上的社会资源概念。这两种概念的定义非常相近，且微观定义包含在中观概念之内。中观定义为：社会资源是指除经济资源之外的其他所有资源——如政治的（制度、体制、国家软实力等）、文化的、社会关系的、环境的等，凡经济资源之外都可纳入社会资源之中。在社会学研究中经常用到的是微观意义上的社会资源，这是与经济资源相对的社会领域的资源——如教育、就业、医疗、社会保障等。

微观视角是社会学作为精准研究问题的基本前提，微观层面上的社会资源研究是各个时代社会学家长期关注的问题。社会学三大奠基人之一[①]马克斯·韦伯，在社会分化论述中已经提及社会资源问题，他还更早地使用了"社会资本"的概念，其中包括权力、财富和社会声望等内容，在一定意义上已经概括出了微观社会资源的主体含义。后来，布迪厄又把资本分为三个类型：经济资本、文化资本和社会资本。社会资本的提出大大丰富了对社会资源社会学特质的探索，更为关键的是他还提出资本之间是可以转换的。当然，他认为经济资本是其他资本的根源。他在学术生涯中对社会资本给予足够的关注，并提出社会资本是一种制度化的网络关系，非亲缘关系建立的自然关系，"社会资本是现实或潜在的资源的集合体，这些资源与拥有或多或少制度化的共同熟识和认可的关系网络有关，换言之与一个群体中的成员身份有关。它从集体拥有的角度为每个成员提供支持，在这个词汇的多种意义上，它是为其成员提供获得信用的信任状"[②]。这是后来研究者奉为圭臬的经典论述。也可以说，社会资

① 其他二人为卡尔·马克思(Karl Marx)与爱米尔·杜尔凯姆(Durkheim)；另一种说法是马克斯·韦伯、爱米尔·杜尔凯姆和格奥尔格·齐美尔。

② 转引自张文宏：《社会资本：理论争辩与经验研究》，《社会学研究》2003 年第 4 期。

本的创设从更专业的角度，将对社会资源的研究引向了社会学的新领域。尤其是西方学者所论及的“社会资本”更多是指向集体或社会层面的社会网络、规范、信任和团结，是一种潜在的、普遍主义的、公益性的、具有正外部效应的虚拟资本形态。尽管学者们对社会资本的界定有差异，但其基本含义和指向却出奇得一致，即都将“社会资本视为一种和物质资本、人力资本相区别的存在于社会结构中的个人资源，或者为结构内的行动者提供便利的资源”[①]。

林南(Nan Lin)的社会资源观点发端于新经济社会学的研究成果。他借助对社会网的研究拓展了社会资源理论框架，并在此基础上进一步提出了“社会资本”(Social Capital)理论，较早地从微观层面构建了自成体系的社会资源理论。他认为，社会资本可被定义为嵌入于一种社会结构中的可以在有目的的行动中涉取或动员的资源。林南定义的社会资本概念，更加接近微观层面的社会资源概念，将其理论与皮埃尔·布迪厄(Pierre Bourdieu)的“社会资本”概念进行比较分析可以发现，尽管林南所说的社会资本蕴含在社会关系网络(社会结构)中，个人获取并利用这些社会资源需要动用很多的社会关系，但依然带有很深的布迪厄痕迹。当然，林南在演绎社会资本理论时，更多的是深化了马克·格兰诺维特(Mark Granovetter)强关系、弱关系的研究成果。社会学学者基本上是在这个层面上对社会资源展开自己的探索的，但对微观社会资源的理解依然是众说纷纭，莫衷一是。

在研究中我们发现经济和社会因素深深地嵌合在一起，要把经济与非经济资源截然分开是不现实的，很多时候的交叉都是不可避免的。许多学者都是根据自己的研究对象，随机定义自己的社会资源概念。本研

① 张其仔：《社会资本论：社会资本与经济增长》，社会科学文献出版社 2002 年版，第 34 页。

究使用的“社会资源”这一概念，是从较为宏观的层面上定义的，严格限定在对个体社会流动有显著影响的经济资源、政治资源、文化资源、社会资源等方面。我们认为社会资本包含在社会资源之中，且是社会资源中非常重要的组成部分。但无论是经济资源如土地、矿产、水资源等，还是社会资本如职位、财富、教育、荣誉等，都基本包含个人在社会流动中所需的经济资源、文化资本、社会资本。除此之外，社会资源还包括极其重要但十分稀缺的政治资源（也称“权力资源”）。稀缺资源实际是一种社会机会，只要能够获得这种机会的就可以获得很好的社会收益，直至影响本人的社会地位。不过在实际研究中，我们并不打算赋予社会资源特别视角和内涵，这个工具性的词汇只要能够解读清楚当代中国社会流动、社会分层背后的动力源就足够了。

二、社会资源配置的价值分析

社会资源在不同主体间的配置变化会形成不同的社会结构模式：资源向国家方向高度集中，就会形成再分配或计划经济基础上的总体性社会；社会资源向精英群体高度集中就会形成权贵社会；社会资源向民众方面高度分散就会形成大众共享社会。但社会成员所需求的社会资源本身十分有限，其稀缺性构成的排他性成为本研究的逻辑起点。在任何一个社会中，社会资源按照什么样的规则在社会成员之间进行配置是至关重要的，这既是社会利益的平衡点，也是社会矛盾的冲突点。

无论是过去发生的，还是现在正在发生的，近几年的泰国、乌克兰等国的政局动荡、利益受损总会导致阶级间的冲突，这也是马克思主义阶级冲突学说的核心观点，即无产阶级受到剥削，因而富有革命性。事实上，一个阶级利益的损益之别，能够影响这个阶级的意识与态度。“在稀缺资源上的分配越不平等，统治者与被统治者的基本利益冲突就越深。”①所以，公民社会重视的就是政府利用公共政策对社会资源配置公平的维护。探究政府用何种方式来配置资源才能体现公平性以及如何提高社会资源配置效率，是本课题要回答的基本问题。在社会结构变动过程中，“社会阶层的核心内容是社会资源和社会机会在不同社会群体中的分配方式或配置方式的差异形成的”②。社会分层的实质就是社会资源在社会成员中的不平等分配的结果。如今社会资源高度集中导致业已严重的权利与财富不对等，刘祖云等曾提出：“社会之所以会出现不平等，就是因为社会成员对社会资源的占有状况不同，从而形成了不同的社会阶层。”③对社会资源的配置问题研究分析可以对社会的未来前景能作出前瞻性的预测。社会资源配置问题，实际上是在国家制度层面创设的一个公共选择问题，也是顶层设计中利益分配理念的取向问题。顶层设计机不可失，否则改革机会的窗口将越来越小。

社会资源配置是国家调适市场经济的主导性力量，政府运用制度对配置进行结构性的约束。布坎南(James Buchanan)认为在社会流动中，社会资源配置的作用甚至可以强过个人自致层面的努力和进取。社会资源在社会分层多重复合资源结构中，属于跨维度的主导性和扩散性资源，美国社会学家帕金(Frank Parkin)提出的“集体排他”和“个体排他”为主

① [美]乔纳森·H. 特纳：《社会学理论的结构》，邱泽奇、张茂元译，华夏出版社 2001 年版，第 164 页。

② 郑杭生：《从“一维模式”向“三维模式”的转型——一种社会学视角》，百度文库，http://wenku.baidu.com/view/0a0e26d7195f312b3169a511.html。

③ 刘祖云、胡蓉：《权力资源与社会分层：一项对中国中部城市的社会分层研究》，《江苏社会科学》2006 年第 6 期。

体内容的"社会屏障"论[①]就涉及这个问题。获得社会资源是公民最根本的社会权利,公平地使用社会资源体现了政府的良知和价值选择,是促进社会经济政治效率的制度性资源,直接影响拥有者的经济和社会利益,对社会分层的形成具有最终帮助者的地位特征。我国社会结构快速变迁的实质是通过社会资源配置,打破了社会结构的封闭状态,引发了新的社会流动,社会资源得到充分利用,进而产生了巨大的社会财富,从而带动我国经济 30 多年的快速发展。

整个社会生态系统的平衡稳定的背后,实际上就是社会资源在阶层间的公正、有序流动的结果。在国家现代化的进程中,社会资源配置方式面临着诸多的问题,需要从国家治理结构方面予以系统考量。在这种情况下,杜赞奇(Prasenjit Duara)提出政府不能采取赢利型经纪模式[②]。法国社会学家涂尔干(Emile Durkheim)从自己获得的大量事例中分析,总结出现代经济生成的某些力量可能会破坏社会内部的凝聚力。社会资源配置失范的体制弊端,不仅使财富创造受阻,也反映了社会成员之间的矛盾和冲突正在激化。大量的社会实践和研究成果表明,在走向现代化的进程中,社会资源配置及由此引发的内在的不安全因素,将成为发展中国家经济和社会发展的巨大瓶颈。社会资源配置不合理有可能将社会中下层的发展机会彻底堵死,阶层结构固化现象日益严重,以先赋资源为特征的"富二代""官二代"代际传递问题会更加突出;社会流动的公平法则面临挑战,让每个没有赢在起跑线上的人都焦灼不安,进而削弱整个社会的公民意识和社会认同,甚至刺激社会冲突或社会危机的发生。社会中某

---

① Frank Parkin, *Marxism and Class Theory*: *A Bourgeois Critique*, New York: Columbia University Press, 1979, pp. 53-58.

② 参见杜赞奇:《文化、权力与国家——1900～1942 年的华北农村》,王福明译,江苏人民出版社 1996 年版,第 37 页。

些群体感到自己处于弱者或被排斥、被边缘化时，他们的不满情绪就开始生产，尤其是这种状态已经难以改变且被固化时，社会怨恨情绪的发酵机制就会自动生成，“基于伤害和比较而产生的公正失衡心理(不公正感)是怨恨情绪最基本的初始形态”[①]，当然这也是社会矛盾和社会冲突的起点。

中国社会可持续性的发展，有赖于协调经济持续发展与社会建设相对滞后之间的矛盾，也要合理应对经济发展与社会公平更深层次的矛盾问题，其中最主要的就是使社会资源更加公平地惠及每一个人，并通过制度设计来实现这一目标。进入21世纪以来，中国发展过程中的一些深层社会矛盾与问题彰显，已经引起政府及社会各界的关注。尤其是党的十八大之后，国家层面在社会资源的重新分配方面已经有比较明显的作为，除了按照服务型政府建设架构，不断向底层民众提供医疗、社保等相应服务之外，加大对弱势群体的倾斜政策成为均衡社会资源的又一举措。2016年7月，习近平总书记明确提出“精准扶贫”战略，为解决贫困人口代际继承问题提出科学的解决思路。2013年，李克强总理主持召开国务院常务会议时提出：“现在高等学校里农村的学生比例偏少，我们要逐步提高比例，让更多勤奋好学的农村孩子感受到希望。”之后，国务院正式将“提高重点高校招收农村学生比例”提上日程，随后国内各大名校纷纷推出农村地区和西部地区高考招生录取优惠政策。从2016年秋季入学情况来看，农村籍入校学生比例均有明显提升。落后地区不仅仅是上大学这一个问题。社会资源配置即使从微观视角来看也是一个复合问题，但从国家最高层面关注教育资源地区分布问题，从制度机会方面使优质的

① 朱志玲、朱力：《从“不公”到“怨恨”：社会怨恨情绪的形成逻辑》，《社会科学战线》2014年第2期。

教育资源和教育机会不被垄断，给下层群体的孩子在起跑线上留下希望，让民众看到顶层对社会资源更加公平地惠及每一个人的执着和坚持。

改革开放是推动我国经济 40 年持续发展的强大动力。未来中国的发展仍将是继续改革开放，尤其是在释放社会资源方面，要通过二次分配、政策倾斜等组合手段来促成比较合理的配置。经济高速发展的同时应当充分利用社会资源均衡化战略，“破除妨碍劳动力、人才社会性流动的体制机制弊端，使人人都有通过辛勤劳动实现自身发展的机会”[①]，为大多数百姓提供合适的上升机会。

① 本书编写组编著:《党的十九大报告辅导读本》，第 46 页。

第二章　社会资源配置变革引发社会结构深层变动

经过 40 年的改革开放，中国社会发生了深刻变化。我国 GDP 一直保持着 10%左右的增长率(见图 2-1)，经济总量成倍增长，人民生活水平逐年提高。经济快速发展使我国由经济大国向经济强国迈进。2015 年人均 GDP 达到 8280 美元后，我国经济发展放缓成新常态，但 2017 年中国增长率仍保持在 6.9%的中高速增长，而且随着加速新旧动能转换，经济增长的结构和质量得到不断改善，新的经济增长动力不断出现，经济长期向好的基本面不会改变。

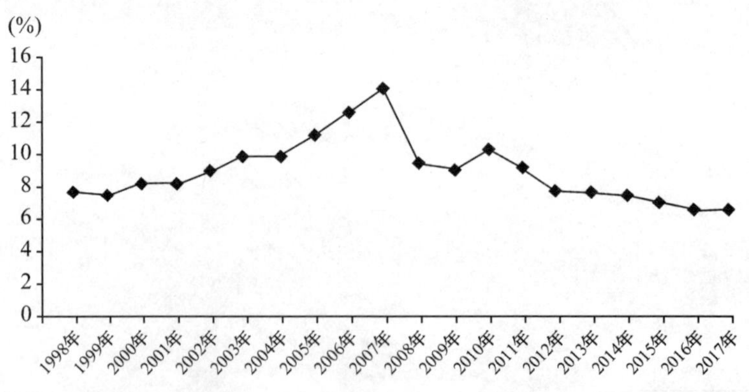

图 2-1　改革开放后中国 GDP 增速[①]

一、社会资源配置方式决定社会流动机会

市场经济的引入给我国社会结构变动带来了显著变化，其中社会资源配置方式的变革，让个人可以直接获取发展机会。改革开放之前的很长一段时期内，在宏观上以阶级划分思维配置社会资源，一个人的门第出身决定了是否有资格获得社会资源，一个人的命运在出生那一刻起就已注定。在那个时代，不同阶级的家庭，在食品、住房、教育、就业、医疗甚至婚配等生存发展权利上有着天壤之别，而且决定社会位序的家庭成分要前溯三代。在同一阶级内部，则沿用平均主义的价值取向，并以此来主导社会资源的分配。李路路认为，在中华人民共和国成立后、改革开放之前，我国实行的是"中央计划经济体制下的社会分层模式"[①]；改革开放之后，逐渐转向让市场配置一部分社会资源，经济资本对社会资源配置中的影响力越来越大，随即出现了贫富差距的拉大，并引发了快速的社会分化。当然，这种分化实质上并不是简单的收入不公和财富差距，而是社会资源配置制度设计的缺失造成的机会不平等。

经济改革是整个社会资源由国家行政主导向市场配置的转变的过程，在此过程中资源、地位分配机制发生了明显变化，这种变化不是简单地此消彼长，而是市场机制地位的逐渐上升、国家对社会资源控制的逐渐放松。国家政治权力和市场体制之间是一种相互补充、相互制约的关系。在中国，"社会资源的相对稀缺性和社会主义的价值意识形态，都决定了

① 李路路：《制度转型与分层结构的变迁——阶层相对关系模式的"双重再生产"》，《中国社会科学》2002 年第 6 期。

社会主义社会仍然需要一系列的制度性规定，以此在不同的社会群体间，确定不同的社会权力，解决不同社会群体的社会资源的占有和分配”①。从这个意义上来说，关于转型社会的资源是由政府权力分配还是由市场体制来决定的讨论，实际上并不意味着哪种选择更好或更差的评判，即无关哪一种方式更为理想。因为市场体制和政府权力再分配制度并不是完全对立的，而是相辅相成的。

二、社会资源分布序列差异下的社会分化

随着经济的高速增长和国民收入的提高，我国的收入分配与社会财富分布格局发生了巨大的变化，高速的经济增长并未消除收入分配和消费差距的扩大。在改革开放之前，中国贫富分化的基尼系数是 0.2，是典型的平均主义产物；而如今中国贫富分化的基尼系数徘徊在 0.46 上下，已远超国际警戒线。

1.收入差距不断扩大，基尼系数超过 0.4 的国际警戒线

从国家统计局近些年公布的数据中可以看到，我国基尼系数一直处于高位徘徊状态。从 2003 年的 0.479 逐波攀升到 2008 年的高点 0.491，此后随着国家经济政策的调整，尤其是收入政策的调整逐年缓慢回落，2010 年为 0.481，2012 年是 0.474(详见图 2-2)②，2015 年全国居民收入基尼系数为

① 李路路：《社会转型与社会分层结构变迁：理论与问题》，《江苏社会科学》2002 年第 2 期。

② 基尼系数在 0.4～0.5 表示收入差距较大，0.5 以上表示收入差距悬殊。

0.462[①]，创下自2003年以来的最低值，但仍处于高位，远高于公认的国际警戒线。世界银行在2006年的研究报告中曾发布，中国0.4%的人口掌握了70%的财富，引起国内外一片热议，但是一直没有得到中国官方的任何确认。2011年，西南财经大学中国家庭金融调查与研究中心进行抽样调查，计算得出2010年我国的基尼系数为0.61，已经远远超过国家统计局公布的0.481。[②]

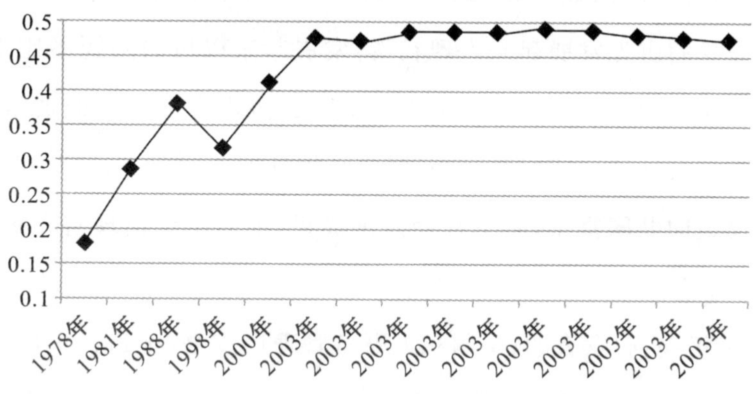

图2-2　1978～2012年中国基尼系数变动图[③]

2. 日益扩大的贫富差距，和改革开放之初的共同富裕构想形成明显反差

中国已经从全世界贫富差异曾经最小的国家，嬗变为全世界贫富差

① 自2003年以来，我国基尼系数一直处在全球平均水平0.44之上，2008年达到最高点0.491，之后基尼系数呈回落态势。2003年是0.479，2004年是0.473，2005年是0.485，2006年是0.487，2007年0.484，2008年是0.491。2008年之后逐步回落，2009年是0.490，2010年是0.481，2011年是0.477，2012年是0.474，2013年是0.473，2014年是0.469。（引自国家统计局中国经济网，http://www.ce.cn/xwzx/gnsz/gdxw/201601/19/t20160119_8372526.shtml）

② 参见王羚：《基尼系数争议背后：收入分配困局难破》，2014年3月28日《第一财经日报》。

异最大的国家之一，这已是不争的事实。邓小平在改革开放之初设想的社会主义共同富裕之路，一直是他最为牵挂的愿望。他所宽容的先富后富差距到如今竟然演绎成为如此严重的两极分化，应是他始料未及的。

1993年9月16日，邓小平与弟弟邓垦谈话时指出："十二亿人口怎样实现富裕，富裕起来怎样分配，这都是大问题。"[①]他最挂心的是"少部分人获得那么多财富，大多数人没有，这样发展下去总有一天会出问题。分配不公，会导致两极分化，到一定时候问题就会出来。这个问题要解决。过去我们讲先发展起来。现在看，发展起来以后的问题不比不发展时少"[②]。邓小平很清楚，在国家经济发展之初要容忍一定的贫富差距，但等到经济发展到一定程度，政府就要采用各种方式缩小贫富差距，引导全国人民走向共同富裕，共享社会发展成果，绝对不应出现富人更富、穷人更穷的现象。

2011年，胡润发表的《中国私人财富管理白皮书》提道："中国资产超过1000万人民币的富豪人数已达96万人。"[③]2012年5月，西南财经大学和中国人民银行共同完成的《中国家庭金融调查报告》也显示："中国10%家庭占84.6%家庭总资产，贫富差距悬殊。"中国社会贫富差距由改革开放初期的1∶4.5扩大到目前的近1∶13。其中有一组数据比较客观地反映了我国贫富差距、两极分化程度在加深：国内收入最高的10%群体和收入最低的10%群体的收入相比较，1988年为7.3倍，2011年上升到23倍。北京大学的调查报告同样反映了这一趋势：2012年全国家庭净财产均值为43.9万元，比2010年增长了17%。在我国，由于收入不透明，统计私人财富是件非常困难的事，可中国家庭财产不平等程度迅速

---

① 冷溶、汪作玲主编：《邓小平年谱（1975～1997）》（下），中央文献出版社2004年版，第1364页。

② 冷溶、汪作玲主编：《邓小平年谱（1975～1997）》（下），第1364页。

③ 胡润研究院与中国银行：《中国私人财富管理白皮书》，2011年，第8页。

升高却是不争的事实。从2011年中国人民大学原校长纪宝成所作的研究报告中，我们可以看到："目前中国10％的富人占有80％的资源，富裕家庭和贫困家庭收入相差差不多40倍。"[①]2014年，北京大学中国社会科学调查中心发布的《中国民生发展报告·2014》指出："中国的财产不平等程度在迅速升高：与1995年我国家庭净财产的基尼系数为0.45、2002年为0.55相比，2012年我国家庭净财产的基尼系数达到0.73。顶端1％的家庭占有全国三分之一以上的财产，底端25％的家庭拥有的财产总量仅在1％左右。"[②]2016年1月，北京大学中国家庭追踪调查（China Family Panel Studies，CFPS）撰写的系列专题报告，以全国25个省市160个区县的14960个家庭为基线样本，在其发布的《中国民生发展报告》中指出，中国目前的收入和财产不平等状况正在日趋严重：1％的顶端家庭占有全国约1/3的财产，25％的底端家庭拥有的财产总量仅为1％左右。此外，从教育机会到医疗保障，中国社会的不平等现象呈整体扩大趋势。中国的财产不平等程度明显高于收入不平等的程度。北大夏业良教授引用卡内基国际和平基金会中美关系专家裴敏欣（Minxin Pei）的研究成果指出："美国5％的人口掌握了60％的财富。而中国则是1％的家庭掌握了全国41.4％的财富，财富集中度远远超过了美国，成为全球两极分化最严重的国家之一。"[③]据2007年7月亚洲开发银行（Asian Development Bank）发表的研究报告判断，中国当时生活在世界银行设定的日均1美元贫困线以下的人数为3亿，是官方统计的3倍。

---

① 王南、李洁、陈斯：《人大校长：10％富人占80％资源，贫富家庭收入差40倍》，2011年3月7日《法制晚报》。

② 冯蕾、邱玥：《基尼系数的警示》，2014年7月31日《光明日报》。

③ 夏业良：《中国的财富集中度超过美国》，《财经国家周刊》2010年第12期。

3. 经济上的落差已经沉淀为社会结构中的不同层级，社会流动动力不足造成社会结构的内卷化

贫富差距悬殊，社会结构已有格局就很难被打破。利益受损群体的子女想向上走的难度越来越大，因为他们离经济资源、文化资源、社会资本等社会资源越来越远。在现代社会中，权力资源、经济资源和文化资源三种因素叠加，在各阶层之间形成了一个巨大的鸿沟。如果没有制度层面的倾斜，利益受损群体就会失去向上流动的机会和动力。

我国30多年的高速发展已经可以从多方面验证市场经济确实能够带来高效率，但它不是所有人的黄金世界，日益加剧的财富和机会的不平等、阶级和阶层间流动机制的不公正，连同腐败、金钱和特权一起正在阻断社会公平公正的延续。这也是我国以“精准扶贫”高度关注贫困人口，以及道出“让人民对改革有更多获得感”[①]的深层原因。李强对这个问题进行过很长时间的观察研究，他认为：“一个国家贫富差距拉大的时候，经济增长往往也比较快。中国二十年来的经验证明了这一条，国际上的经验也是如此。”[②]姚洋在分析市场与社会平等问题时曾说：“在一个方面，市场化给多数人带来了财富，在另一个方面，它也拉大了收入差距，并把一部分人抛入绝对贫困之中。”[③]亚当·斯密（Adam Smith）甚至认为，所有权的平等，实际上只能强化所有权分配上的不平等。他在《国富论》中也不断强调，一种让其自行其是的经济，可以在个人与普遍利益之间带来某些冲突和失衡。斯蒂格利茨（Joseph Eugene Stiglitz）在评价国际资本所起到作用时，非常尖锐地指出：“对于许多人来说，结果始终是贫困；对

---

① 《习近平在中央全面深化改革领导小组第十次会议讲话》，2016年2月28日《人民日报》。

② 李强：《社会学研究于我国的贫富差距问题》，载郑杭生：《中国社会结构变化趋势研究》，中国人民大学出版社2004年版，第17页。

③ 杨河：《北大学者思想实录》，北京大学出版社2008年版，第252页。

于许多国家来说，结果就是政治与社会的动荡。”[1]因此，在一定程度上收入不平等、贫富分化与市场经济是一种孪生关系。市场调整会使个人生存风险剧增，对个人最显著的风险就是收入差距扩大和失业，这在以强行平均主义为旨趣的计划经济时代所没有的。如果没有社会建设的同步跟进，市场化实际上只会放大个人和家庭的发展风险。

中国改革是一个市场机制逐渐取代行政权力再分配机制的过程。政治或行政对社会生活甚至社会结构的干预，随着改革的深入逐渐弱化，但毋庸置疑的是，在市场力量得到强化时政治干预已在很多领域开始淡出。市场经济下“小政府，大社会”是社会管理比较适宜的模式，政府对社会的管理和干预因简政放权处于战略收缩状态，对社会资源的配置和使用也将出现类似的发展趋势。

在计划经济条件下，社会资源配置制度设计的逻辑起点不是出于“国有资产”的有效利用上，而是出于实现阶级政治利益最大化的理想建构。由于这种制度设计基本不考虑个人利益的具体得失，而是将个人利益涵盖在服从集体利益之中，并把政府作为财富创造的主体，其余都是被动的。政府把关键的社会资源控制在自己的手中，在人民当家作主理论构架下，不分差别的人民作为社会资源的总产权人，人人是代表，人人有责任是其基本逻辑。从理论上看，这种构想体现了社会平等的最大化，也最容易获得社会认同。孙立平认为：“改革初期的资源扩散与‘平等化效应’如同苏东的改革一样，在中国改革的最初阶段上，改革也曾带来一个短期的‘平等化效应’；当时在苏东和中国进行的多项调查研究都表明，在改革初期，社会的不平等程度明显在缩小。”[2]但随后发展的结果却是靠近社

① ［美］约瑟夫・E.斯蒂格利茨：《全球化及其不满》，夏业良译，中国机械工业出版社2004年版，第12页。

② 孙立平：《资源重新积聚——90年代中国社会分层基本背景》，《科学决策》2002年第3期。

会资源的人可以更多地使用资源，并且造成资源过度使用，甚至枯竭。在进行政策选择时，政府希望改革路径可以实现改革的目标，但同时又必须保持社会稳定。只有这两个选择同时达成，改革的路径才是最成功、最优的。

就大多数国家而言，在国家主导的自上而下的渐进的改革过程中，社会结构的分化和重构大都是以再生产为主的。所谓国家主导，社会分层理论认为，就是国家管理者，即政治精英来主导改革。在经济改革中，政治精英依然占据控制和支配地位，改革不可避免地带有“精英设计”的痕迹，改革的主线仍受精英阶层的主导，而且那些在传统社会主义社会的政策制定中占主导地位的阶层，在现在社会转型的过程中依然继续占主导地位。其设计不可避免地会带有利己倾向，或者说更有利于精英阶层。

改革开放初期，人们的思维方式和价值观发生了明显的变化。每个人都做着向上流动的梦，希冀凭借一己之力广泛地获得社会资源以实现理想，改变命运。但在发展的过程中，精英集团渐渐占据大量优质社会资源，弱势群体看不到向上流动的希望，社会流动的生机和活力已大大降低，年轻人显得暮气沉沉，意志消退，因为缺乏公平竞争的机会，获得向上流动所必需的社会资源显得十分渺茫，后致性因素在社会流动中作用不断减退。

随着社会资源再分配的失衡，社会发展中的两极分化愈发严重，从社会结构来看阶层垂直分布越来越清楚，或者说层级越来越清晰，社会财富两极分化实际上是社会资源配置不合理的后果。从社会分层来看，社会财富的两极分化带来了以代际传递为特征的阶层固化。阶层固化意味着社会流动性的降低或停滞，跨阶层的社会流动变得越来越困难，阶层间的门槛愈来愈高。处于弱势的阶层很难再向上流动，甚至被逐渐边缘化。

社会中的精英群体通过权力、财富资源等传承，其后代更容易地保留在其父辈优越的社会位置上，“官二代”“富二代”成为社会流动中的常态现象。

三、“帕累托改进”[①]边际效应不断减退

经过30多年经济上的快速崛起，我国人民不仅生活水平明显提高，而且随着市场配置社会资源范围的扩大，个人选择的自由空间也越来越广。在传统体制下，人们不敢奢望的公民自由权，如迁徙、农民进城就业等，目前已经在很大程度上获得了改善和解决。2014年3月，中共中央、国务院印发了《国家新型城镇化规划(2014～2020年)》，明确提出努力实现1亿左右农业转移人口和其他常住人口在城镇落户。从拒绝农民离开农村到鼓励农民离开乡村融入城市，我们花费了半个世纪的探索时间。

始于1978年的改革开放是在领导者自醒后的渐进式的改革，因为是在基本保留原有利益格局的前提下，通过放大增量，也就是把蛋糕做大的方式来调动全社会的积极性，从而增加总体利益，以满足社会各阶层的需要。改革之初在一定时期似乎出现了“帕累托改进”最优状态，但随着发展的程度出现明显的差异，“帕累托改进”变得越来越不现实，让市场自动解决社会公平根本行不通。相反，人们感受到的是市场经济往往与不平等如影相随，公众的社会公平感随着“相对剥夺感”的增强逐渐降低了。19世纪40年代，马克思在《雇佣劳动与资本》一书中非常生动地描述过这个问题：“一座房子不管怎样小，在周围的房屋都是这样小的时候，它是能满足社会对住房的一切要求的。但是，一旦在这座小房子近旁耸立起

① 帕累托改进：是以意大利经济学家帕累托(Vilfredo Pareto)命名的，一般是指在不降低一方的福利水平时，通过改变现有的资源配给方式去提高另一方的福利水平，在改善中不用损害利益方的利益。

一座宫殿，这座小房子就缩成茅舍模样了。”[①]小房子还是那座小房子，位置和功能没有任何改变，只因周围参照环境不一样，它的主人心态也就完全不一样了。现代社会心理学对人的幸福感的进行了较为充分的研究，提出:“个体的幸福不是取决于财富的绝对总量，而是取决于相对数量，是收入和财富获取过程的不公正引发了相对剥夺感。”[②]伴随着经济高速增长而出现的机会不平等、贫富两极分化，市场经济更容易成就的是富人的梦。我国与拉美国家相比有很多发展优势，但已经显露出的很多问题却带有滞步于“中等收入陷阱”国家的一些迹象，这说明我们面临同样的风险和挑战:宏观层面的成功、经济增长与外贸方面的发展与顽固的收入和财富不平等相伴相生。[③] 更重要的是改革初期、人口红利等驱动中国经济增长的传统因素正在逐渐消退，早期高耗能、高污染的经济发展模式必须退出，下一步将何去何从是我们面临的艰难选择。这个过程表明，任何社会改革都是利益格局的重新划分，改革在开始时可能在有限时间达成“帕累托最优”，但“帕累托最优”的机会和边际十分有限，随着改革进程的推进，进一步改革面临的就是不得不损害既得利益集团利益的“非帕累托改进”。因为包容性改革不可能单损特定阶层，再加上弱势群体的利益已经被压缩至极限，无力继续消解改革所带来的成本压力。

20 世纪 70 年代，拉美一些国家总体经济发展很快，但由于社会政策出现问题，收入分配两极化趋势越来越明显:一边是堪比发达国家的现代化，一边却存在着因为社会保障制度缺失面临基本生存问题的贫困阶层。1990～2002 年，“许多拉美国家的基尼系数都在 0.5 之上，巴西则超过 0.62”[④]。贫富分化超出人们的想象，这种现象被学者们称为“有增长，无发展”，社会中的多数人享受不到经济增长带来的成果。因为社会发展和

---

① 《马克思恩格斯文集》第 1 卷，人民出版社 2009 年版，第 729 页。

② 张贤明:《论当代中国利益冲突与政治稳定》,《长白论丛》,1996 年第 6 期。

③ ASolimano.,*Three Decades of Neoliberal Economics in Chile*: *Achievement*,*Failures and Dilemmas*,Research Paper/UNU-WIDER, 2009.

④ 景天魁:《收入差距与利益协调》,黑龙江人民出版社 2005 年版，第 145 页。

社会建设的成果落实不到社会底层民众的身上，经济发展的收益绝大多数被少数人拿走了。

1. 社会资源流动中的“堰塞湖”现象

2008年“5·12”汶川特大地震的爆发，让世界再次见证了改革之后的中国国家实力的真实提升以及源自传统体制宏大壮观的举国动员力量。同时，它还让大家记住了平常很少知道的专用地质名词“堰塞湖”。河谷、河床在较为严重的地震、泥石流、滑坡、火山等灾害后被堵塞，流水逐渐汇集并且往四周漫溢，水量大到一定程度便形成地质上的堰塞湖。在当时，作为地质专家的时任总理温家宝多次焦急地谈到是否形成堰塞湖，并亲赴堰塞湖灾害现场，和工程技术专家一起组织研究破解方案。皆因堰塞湖里堵塞物都是松散堆积起来的，在流水冲刷、侵蚀、溶解、崩塌等自然力的影响下会随时塌陷，一旦堵塞物被冲开，堰塞湖中聚集的水就会携带巨大势能倾泻而下，形成毁灭性的洪灾，其产生的破坏力甚至会超过原生灾害。

社会资源在流动中一旦阻塞，就无法通过市场和行政分流，社会资源为某些群体、阶层把持控制，势必造成堵塞，形成社会资源的“堰塞湖现象”。社会资源的“堰塞湖现象”始于我国社会资源与个人发展对接路径过于单一、狭窄，普通民众获得有效社会资源的渠道既少又狭窄，由此形成了深化改革的最大难题。社会改革的根本理念是通过改革，创新社会体制，充分调动各方面积极性，从根本上激发个人的积极性、创造力，充分发挥每个人的潜能使之成为创新的动力，最大限度地增强社会的发展活力，但实现这一目标的基础就是社会资源能够公平与合理地分布在社会各阶层并得到充分利用。

2. 社会流动中后致性因素弱化彰显社会资源配置不公

社会资源配置的过程中带有一定的排他性和竞争性，这种获得社会资源的机会虽然与个人努力的后致性因素有一定关系,但更多的是制度设计漏洞使先赋性因素发挥了更大的影响所造成的。每一个人都有权力追求自己的合法利益,但每一个人利益的获得更多地依赖于公平公正的规则和社会安排,没有这种社会规则和安排,竞争就会变得不平等,所谓"帕累托改进"终会演化成彻头彻尾的"庞氏骗局"。

在社会资源配置不公平的社会中,各阶层都感到委屈和不满,或没有享受到经济高速增长所带来的实惠,或没有享受到自己应得的份额,自感是社会发展中的被剥夺者、政策的牺牲品。基于"资源适度稀缺"和"人的自利性"这两个前提,约翰·罗尔斯(John Rawls)认为,"在许多领域都存在着一种中等程度的匮乏;自然和其他的资源并不是非常丰富以致使合作的计划成为多余"[①]。社会资源的稀缺性导致了实际中的排他性行为,这在社会分化中表现得十分明显。美国社会学家彼得·布劳(Peter M. Blau)强调,社会结构的特点体现在复合异质性上,他还将社会分化中的不平等分为两类:首先是纵向上不平等的扩大,其次是横向上异质性的增加。这两类不平等在社会分化中是质与量的关系,而前者更为关键。在布劳的研究中,社会结构就被清楚地描述为经济资源、政治资源、文化资源等一系列资源占有不等的群体由高而低差序排列的结构。[②] 布劳以资源差序为社会分层的研究方法给我们提供了很好的启示,尤其是在研究社会资源分配、资源占有状况与社会不平等的程度引发的社会分化时有很大帮助。当然这种较为直观的视角不能完全用来解析中国社会结构的变化,我们还需要掌握更有针对性的分析工具。

改革开放以来,尤其是实行"让一部分人先富起来"的带动政策后,因为社会资源的稀缺性、排他性,这"一部人"肯定是少数人。"一部分人先

---

① [美]约翰·罗尔斯:《正义论》,何怀宏、何包钢、廖申白译,中国社会科学出版社 1988 年版,第 121 页。

② 参见[美]布劳:《不平等和异质性》,王春光、谢盛赞译,中国社会科学出版社 1991 年版,第 168 页。

富起来”是以其他人陷入相对贫困为代价的。共同富裕的目标实际上在不断淡出，因收入差距过大引发的社会不公正、不平等现象逐渐显现。从设计理念来分析，这种分配原则是为了体现按贡献分配的公平正义的精神，但没有考虑各群体在占有资源起点上的巨大差异，所以很快就拉开了人们的收入差距。在特殊的时代背景下，旧有的社会结构逐渐解构，新的社会结构形成了，社会各阶层的面目逐渐清晰。

严重的收入差距、贫富分化促使人们在追逐经济利益的同时，逐渐将目光转向对社会公平公正的拷问。郑功成在对调研的数据分析后，认为目前社会的公平性问题非常严重，各阶层都感到自己受到不公正的待遇，即“不仅利益受损者有强烈的不公平感与受剥夺感，受益者也开始产生程度不同的不公平感，公众对社会公平的敏感性在持续上升，这表明中国社会开始进入一个关注公平的新时代”[①]。民众在满足基本生存后，如果要想有一个好的发展，必然需要公平的社会环境，没有公平就没有机会平等，也就不可能有个人奋斗成功的机会。30 多年过去了，社会利益格局基本定型，孰赢孰输一目了然。社会资源配置的不平等引发了更深的社会问题，相对于社会上层快速利用社会资源短期内暴敛横财，普通人却显得很凄然，更有一些群体沉沦到社会底层成为弱势群体，他们从社会发展中获益最少。“在几次重大改革时突破了底线，即某些社会阶层绝对受损。”[②]从社会资源角度来看，弱势群体能够获得的社会资源无论是经济资源、文化资源还是权力资源都是最少的。当然弱势群体在每个社会都会存在，“在许多国家。大约有 1/4～1/3 的人口形成了依赖于国家支持

① 郑功成：《中国社会公平状况分析——价值判断、权益失衡与制度保障》，《中国人民大学学报》2009 年第 2 期。

② 杨帆：《改革不能有绝对受损阶层》，2014 年 10 月 28 日《环球时报》。

的边缘化群体”[①]。弱势群体的成员在市场经济的大潮中被挤到了社会的边缘,甚至丧失了自救能力,他们只能从事很不稳定的低技能工作且收入很低,没有政府和社会的帮助可能无法维持基本生活。总体来看,弱势群体在整个社会分配体系中利益受到了损害,这是他们之所以“弱”的基础原因。从本质上来看,一个人的落败与个人素质密切相关,但是一个占人口多数劳动者群体处于弱势就是制度设计问题,与社会资源配置模式的选择相关。弱势群体肯定没有被社会资源有效覆盖到,或者说难以获取正常发展所必需的社会资源。

现在我国的社会结构分化态势,基本延续大多数仍然是以工人、农民为主的社会底层群体,他们在改革开放中所获得经济资源、文化资源以及权力资源依然有限,更加缺乏改变自己命运的机会和途径,向“上”流动变得十分困难。近年来,普通百姓“上不起学”“买不起房”“看不起病”已不是个别现象而是成了一个突出的社会问题。一边是繁华都市中灯红酒绿,一些老板一餐几十万元演绎新的奢华;另一边则是基本民生堪忧,街边乞讨的流浪儿童,没钱治病在家苦挨的穷人,甚至在部分农村出现危及道德底线的社会问题——一些农村老人不愿面对凄凉孤苦的晚年,把自杀作为他们人生获得解脱的一种方式。《农村老年人自杀的社会学研究》项目主持人刘燕舞在湖北、江苏、山西、河南、贵州等11个省份的40多个村庄进行访查。他发现,农村老人的自杀现象“已经严重到触目惊心的地步”,个别地方的老人自杀率“至少30%,还是保守估计”,而且悲剧一直在上演。[②] 我们不能不面对这样的现实:中国已经进入老龄化社会。进入2014年,我国60岁以上老年人口达到了2亿,这一数字约等于整个欧盟的人口以及美国人

---

① [美]罗宾・科恩、保罗・肯尼迪:《全球社会学》,文军等译,社会科学文献出版社2001年版,第112页。

② 参见宣金学:《农村老人自杀的平静与惨烈》,2014年7月30日《中国青年报》。

口的 2/3。实际上,诸如养老之类的社会问题已经引发了群体间的激烈矛盾,“无感增长”问题在我们国家也初露端倪①,除了经济增长,民生却未有根本改善,社会福利覆盖面和保障水平偏低,大学生就业率低,贫富差距不断拉大,这种发展模式越来越受到各个阶层和利益集团的质疑,甚至挑战。

社会不平等从多个方面影响着社会的稳定和发展。英国诺丁汉大学名誉教授理查德·威尔金森(Richard Wilkinson)运用大数据演示了经济上不平等的恶化导致社会流动率明显下降、社会问题增加(见图 2-3),以及社会人群心理疾病患者也大量增加,影响社会安全、公众健康,甚至连基本的社会信任关系也会下降。

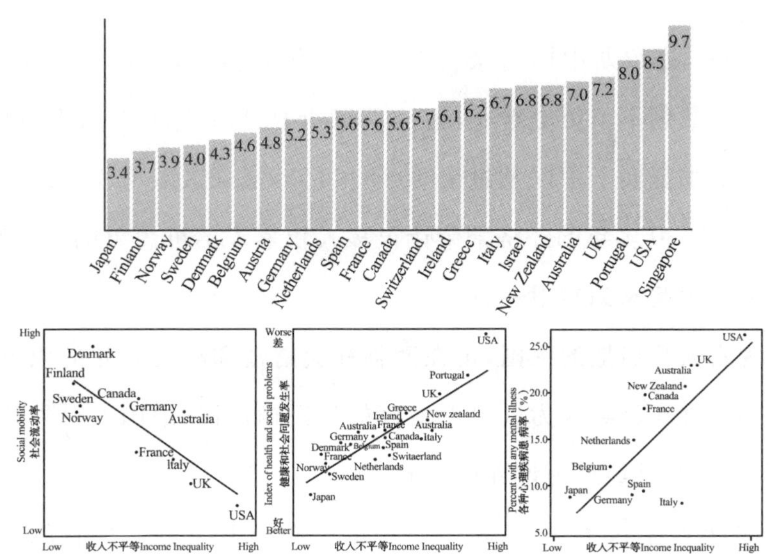

图 2-3 发达国家社会不平等程度与其他社会问题之间关系图

从政府管理层面来看,公平正义是社会利益分配的首选原则,也有利于参与社会合作的每个人。基于这一原则,政府必须给予利益受损者的

① 参见郑杭生、黄家亮:《从社会成员“无感增长”转向“有感发展”》,《社会科学家》2012 年第1 期。

社会弱势群体适当的补偿。“包容性改革的底线就是:不能有绝对受损的社会阶层。如果出现,就必须给予补偿。”[①]让社会的政治、经济及其他社会资源在全体社会成员间均衡化配置,各个社会群体相对平等地获取社会资源,才能比较公平地决定一个人在社会中的真实位置。30多年的社会发展,社会分化潜移默化地教会人们把自己的利益与更合理地配置社会资源这一社会管理中的核心问题联系在了一起。

四、富豪移民引发社会财富安全的担忧

2013年,福布斯中国富豪榜有168名亿万富豪(资产超过10亿美元)上榜,人数创下了历史新高,超过2012年的113人和2011年146人。这一增幅更加证实了中国是过去10年里亿万富豪人数增长最快的国家之一。[②] 中国30多年的经济繁荣让很多人积累了不可想象的庞大财富,一些人从白手起家到富甲一方。

作为富人移出地的中国,正在面临社会财富和精英人才的双重叠加流失。中国现在已经成为世界上最大的移民输出国,中国人对外移民需求近两年激增,已经成为世界最大的“富豪出口”国。[③]

2012年8月27日,澳大利亚移民局公布的EOI新政的首轮结果显示,中国位居申请技术类移民第二位(印度第一),是非英语国家第一名(详见图2-4)。

---

① 杨帆:《改革不能有绝对受损阶层》,2014年10月28日《环球时报》。

② 参见2013年10月17日《参考消息》。

③ “根据联合国2013年《世界移民报告》,2013年中国以930万的移民数量,成为次于印度、墨西哥、俄罗斯之后,全球排名第四的移民输出国。”[2014年6月8日《新华日报(南京)》]

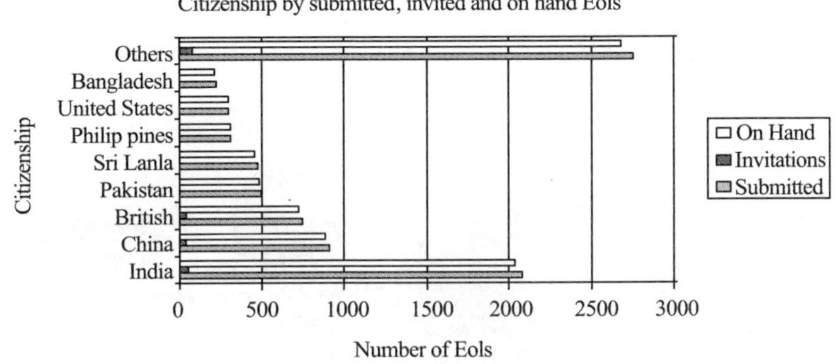

图 2-4 澳大利亚首轮移民提名(EOI)申请人国籍分布

一些富豪不是在移民，就是在通往移民的路上。2011 年 10 月，胡润研究院与中国银行合作发布的《中国私人财富管理白皮书》提出："14%的中国高净值人群目前已移民或者在申请移民当中，还有近一半(46%)的人在考虑移民。"(详见图 2-5)。《白皮书》中所称的"高净值人群"是指资产净值 1000 万元人民币以上的富豪。该调查共收到来自全国 18 个城市的 980 份有效问卷，被访问富豪的平均年龄为 42 岁，平均资产超过 6000 万元，其中拥有海外资产者约占 1/3。于是，"中国半数千万富豪想移民"成为当时媒体报道的醒目标题。2014 年 8 月，胡润研究院推出的新的研究报告显示，64%的中国富人(财富不少于 160 万美元)已经移民、正申请移民或正考虑移民。[①]

2014 年，美国 EB-5 项目的 1 万个签证名额提前告罄，这是该项目推出 24 年来第一次遇到这种情况。在 2014 年的 1 万个名额中，中国人使用了 85%。2014 年 2 月，加拿大在国家预算提案中宣布取消 80 万加元的 5 年无息贷款投资移民项目，主要是因该项目收到中国富人提交的大量申请。实际上，加拿大政府已经在 2012 年 7 月停止接受新的此类移民的申请。截至 2013 年 7

① 参见《调查称超 6 成中国富人已经移民或正考虑移民》，2014 年 8 月 21 日《参考消息 · 北京参考》。

月，积压的投资移民申请人数达66423人，其中有50131人是在香港提交的申请，其中来自内地的申请者约有4.8万人。

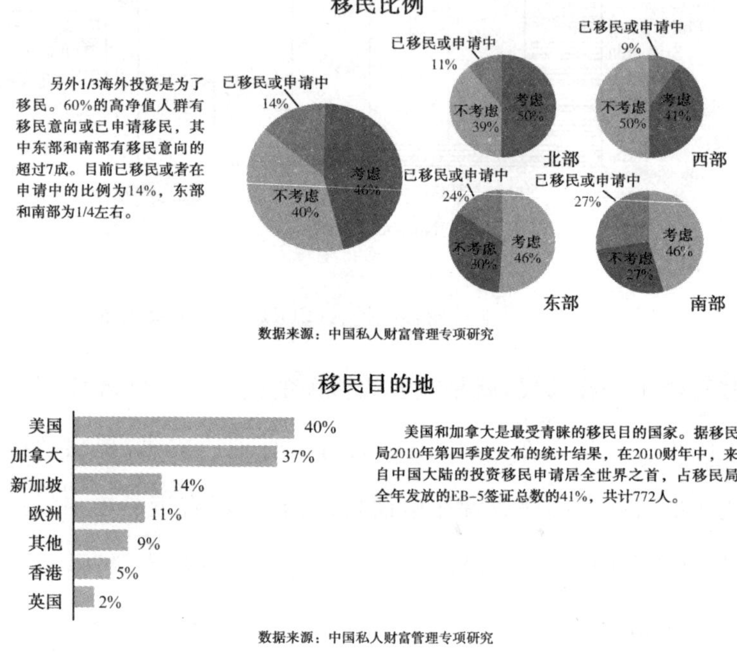

图 2-5　中国富豪移民比例图[①]

面对中国汹涌而至的投资移民浪潮，澳大利亚政府也颇感压力。为了应付中国富人的大量涌入，澳洲投资移民要求额度一再提高，从75万澳元一直提高到骇人的1500万澳元。[②]

中国富人千方百计忙着移民的同时，还不计成本地在英、美等发达国家置业购房，尽管世界经济复苏乏力，发达国家的市场调整还在继续且面临着诸多瓶颈限制，但是潮汐般涌入的中国购房款已经完全扰乱了美国、加拿大、澳大利亚、新西兰等发达国家房地产市场自身的波动周期。2014

① 胡润研究院与中国银行：《中国私人财富管理白皮书》，2011年，第8页。

② 澳大利亚政府2014年10月宣布了一项新的签证计划——“高端投资者签证”，对那些投资超过1500万澳元，约合人民币8000万元，并保持该投资额一年的投资者，发放澳大利亚居住签证。

年7月8日，全美房地产经纪人协会公布的一份调查显示，从2013年3月至2014年3月一年时间，美国销售给外国买家总价值为922亿美元的住房中，包括台湾和香港在内的中国买家贡献的销售额大幅提升至220亿美元，占销售额的72%。[①] 西雅图地产女经纪人邹子捷撰文道，华裔地产经纪人忙乱不堪，主要工作就是帮中国"土豪"竞价。有的卖方经纪人一单就签下了5幢豪宅，每幢豪宅价值都在200万美元以上，高的甚至达到了500万美元。在西雅图，曾有的"土豪"一掷700万美元购豪宅，主要是看中地段，买后马上推倒另建新居；有的中国"土豪"甚至不用到现场，只是在互联网上看了看楼盘宣传片，就委托律师楼购房。[②] 在澳大利亚，还曾出现中国买主竞买过于踊跃，出价远超房主的期望的现象。在澳大利亚经济不是很景气的情况下，其房价却意外保持着坚挺。中国富人到澳洲炒房的行为已经推高了当地房价。2016年，悉尼房价在一年内上升了16%，墨尔本上升了11%，中国资本的大量涌入房地产是很重要的影响因素。现在澳大利亚民众开始向政府施压，要求实施限制性措施遏制外资过多流入房地产行业。当地政府调查后已经考虑加大对违规购房外国人的处罚力度，准备没收持有澳洲房产的外国人在买房与卖房期间用房产获得的利润。2017年6月1日，澳大利亚新南威尔士州宣布：海外购房者印花税附加费将从4%大幅增长至8%，土地税也将从0.75%增长至2%。同时，从2017年7月1日起中国实施全新的《中华人民共和国外汇管理条例》：每人每天只能换等额5万人民币以及外币等值1万美元以下的外汇，超过这个额度就要等待漫长的审核。同时，该条例还明确规

---

① 参见陈志龙：《还记得曾经被美国摆一道的日本？》，新浪财经，2014年8月7日，http://finance.sina.com.cn/zl/china/20140807/080619938642.shtml。

② 参见陈志龙：《还记得曾经被美国摆一道的日本？》，新浪财经，2014年8月7日，http://finance.sina.com.cn/zl/china/20140807/080619938642.shtml。

定个人外汇不得用于购买房产类的固定资产，自此澳大利亚房产滞涨回稳。澳大利亚地产分析机构 Core Logic 数据显示，澳首府城市的房价指数在 2018 年 4 月下降了 0.4%，又在 5 月下降了 0.1%，这使得全国年度房价下降了 0.4%，是继 2012 年 10 月以来的首次年度房价整体下跌。

中国的一些开发房地产的富豪曾直接把赚到的利润输送到国外，出现了明显的财富外溢效应。富人赚了钱就转移到国外的经济模式，给移民出国带来了难以预料的负效应。河南大学李晓敏分析了我国企业家“不务正业”的制度根源，认为“在当前的制度环境下，企业家寻租、投机和投资移民既是一种无奈的选择，也是一种理性的选择”①。但是我们必须清楚一个事实，即移民的只能是“人才”和“财富”，“贫穷”和“特权”是没办法移到国外的，所以从现实影响来看，富豪们带着用中国社会资源创造的财富离开了，却把“贫穷”和“特权”留给我们享用，这种畸形循环对于任何一个国家都是难以接受的。20 世纪 80 年代，阿根廷外逃的资本几乎接近阿根廷整个国家的外债总额，导致阿根廷于 2001 年底爆发了债务危机、政治危机、社会危机于一体的“三重危机”，有钱人更迫不及待地加快资金向国外转移的步伐。另外，拥有一技之长的专业技术人员则竞相移民国外。因为资金外逃，金融危机愈加严重，国内通货膨胀继续恶化。1989～1990 年，阿根廷消费物价增长了 20594%。政府采取的稳定和恢复经济政策接连失败，由于外债危机爆发及社会资金链断裂，阿根廷经济全面陷入困境，最后连正常的生产活动都无法进行，国内危机长时间无法得以解决，社会、民生哀鸿一片，直到现在也没有从危机中走出来。2016 年同样的事情，又发生在了委内瑞拉。

---

① 王振中、胡家勇主编：《政治经济学研究·2013 年卷》总第 14 卷，社会科学文献出版社 2013 年版，第 390 页。

国内富人群体或移民或向国外转移的资产，可能远远超出我们付出超国民待遇优惠引进的外资总额。即便是这些财富真的有原罪，制度设计、社会管理、公权力滥用也难辞其咎。能够阻止财富继续流失的唯一选择，只能是用更好的制度、更人性化的管理吸引人和挽留人。虽然目前政府无法出台这么多的政策，但当务之急也要制定保护私有财产的法规，保护公民财产一定要落到法治上和法律条文上。没有法律层面上的切实保障，以财富避险为目的的财富流失很难阻止。同时，现如今我国在版图、经济总量、人口等方面已经成为真正的大国，在顶层设计上，尤其是在发展规划、社会福利方面应给各个社会群体一个好的预期——“制度红利”，并以此吸引全世界的资金和人才。

五、社会资源配置不公与财富分配格局失衡的隐忧

2012 年 5 月，西南财经大学甘犁教授曾率领一个课题组发布了国内首份《中国家庭金融调查报告》，其称：“中国家庭净总资产高出美国家庭 21%，城市户口家庭的平均资产达到 247 万元，全国的自有住房拥有率达到 89.68%。”[①]从统计数据来看，我国的经济状况一直在向好的方面发展，在这种大环境下富人移民的动力何在？

富人移民当然有各种各样的理由，但对国家的未来缺乏信心或者说对自己拥有的财富缺乏安全感，应该是其中最主要的原因。富人担心个人财富的安全，公众担心社会财富的流失，这恰恰构成了一对矛盾体。不管舆论导向如何，公共对于富人财富原罪的追问从来就没有停息过，由此

① 席倩：《中国家庭净总资产高出美国 21%，平均资产 247 万》，2012 年 7 月 16 日《中国证券报》。

引发的“仇富”心态让富人找不到安全感。因为富人也很清楚自己的财富往往与没有付出过多代价或超量使用社会资源有关。随着法治的健全，社会运行规则越来越健全，中央反腐措施越来越严厉，加上社会舆论对财富原罪的愤懑，如何保护自己已得的财富、维护好既得的利益，成为当下富人急切移民的重要原因。富人最大的担忧莫过于奋斗得来的巨额财产面对未来的不确定性。因为社会动荡可能造成零和游戏重现，让辛苦积累的财富瞬间化为乌有。

社会资源配置问题，实际上更多的是一个公共选择问题。十六届六中全会就已经将“利益格局的深刻调整”确立为改革开放中的“四大深刻变化”之一。十几年过去了，利益整合的制度安排尚处在摸索中，而利益分化的态势依旧有增无减。面对如此复杂的背景，如何通过社会资源配置、整合各种不同的社会力量，平衡、协调各方面的利益关系，减少政府、社会与个人，尤其是不同社会利益群体间的摩擦和矛盾；如何将社会公正上升到社会发展本质的高度，以维护社会发展和稳定……这些都是等待社会改革来解决的问题。

社会资源配置不仅关系每个人的切身利益，也关系整个社会的和谐与稳定。近些年来，人们不满、浮躁情绪的滋长，一系列恶性社会群体性事件的发生，主要是因为人们对于目前社会资源配置的体制和制度设置极度不满。从社会流动的基本格局来看，社会中一部分人比另一部分人过得好的主要原因是掌控社会资源的多少，过得好的那部分人并不一定付出更多的奋斗与拼搏，更多的是来自于权力和其他公有社会资源代际传递。富人若是靠科技发家的，并不像早期工业社会时的资本家，其原始积累也没有那么野蛮和残忍，他们致富并不一定是靠掠夺穷人。换句话说，富人更富并不是穷人更穷的原因。像比尔·盖茨、马云靠科技创新致富的富人,并不会引起穷人的怨恨。2011 年在“占领华尔街”运动中,乔布斯、盖茨、马斯克等人不是示威者反对的对象。如果新技术(如电脑芯片)能更大限度地增加社会财富,那么创新者就该得到更多的回报。因为他们的财富是原本社会中不存在的,他们积累的财富并不是靠掠夺他人的财富获得的。可是在获得财富的过程中,新贵阶层赖以致富的能力不是创新,而是利用信息的不平等、社会资源使用的不平等,尤其是利用公权力寻租缔造所谓的成功。他们是利用“社会资源再分配”,把本属于社会民众的资源转移到了自己的手中,因为这种权力主导、来路不正的非生产性财富,只是价值简单转移而不是价值创造,不但创造不了新的社会财富,反而因为在权钱交易、权位交易或达成其他的利益输送过程中,消耗了大量的社会财富。这种寻租越多,社会整体的经济效益就越低。财富过于集中就会使社会矛盾冲突增加,因为社会总财富在一段时间是有限的。这就需要通过二次、三次分配,调整社会收入,让社会财富保持容忍均衡,避免社会单极化引发更多的社会问题。

六、社会分化下的社会结构内卷化

经过 30 多年的发展,我国社会结构的基本框架大体稳定了下来,阶层之间的流动已经不像改革之初那么明显了,目前所形成的这种社会结构框架可能会在相当长的一个时期内保持稳定。具体可以从以下几个方面体现出来:

1. 阶层之间的界限越来越清晰

阶层之间虚拟的分界已经通过最直观的贫富分化显露了出来。而贫富差异的背后则是拥有社会资源如权力资源、经济资源、文化资源、社会资源的多寡。由于社会各阶层的生活方式、居住区域的不同，统领各阶层的文化潮流也不尽相同，不同的利益群体，因利益需求和社会地位的差异，也就产生了完全不同的生活方式和价值观念。“人们可能追求很不相同的目标，因为他们所遵循的是不相同的社会地位上的规范。”①社会各阶层都开始相对独立地从事社会活动，彼此之间的往来逐渐减少，阶层区隔由抽象到具象，变得越来越清晰。

2.各阶层内部认同的形成

“物以类聚，人以群分。”成熟的阶层必将伴随着全面的、理性的阶层认同和阶层意识的生成。阶层分界逐步清晰后，阶层利益渐渐明朗，各阶层的内部认同感和独立意识得以加强。团体意识的觉醒和更大的利益要求使阶层参与政治的组织化程度得到不断提高。马克思指出：“人们奋斗所争取的一切，都同他们的利益有关。”②各阶层内部对社会经济资源的占有、利益目标的同质性使他们易于形成较好的组织协调力，产生“我们是同一类人”的认同感。阶层的利益代言人能够为共同利益积极奔走并得到本阶层成员的认同和支持，使本阶层在不断的发展壮大中获得更多的话语权，并试图走进决策过程，不断提升本阶层的社会参与度和在社会利益博弈中的实力。

3.阶层发展出现自我封闭，阶层之间的流动开始减少

社会结构固化，表明社会流动性、阶层内部替代率不断下降。在改革开放之前，我国一直沿用政治性极强的管理体制、管理思维，主要表现为

① [美]罗伯特·K.默顿：《社会研究与社会政策》，林聚任等译，三联书店 2001 年版，第 78 页。
② 《马克思恩格斯全集》第 1 卷，人民出版社 1956 年版，第 82 页。

以阶级对立的观点来整合社会结构，在社会管理中实行严格的城乡户籍，通过血缘和与生俱来的社会关系获得的先赋性因素决定了一个人在社会结构中的基本位置，基于个人努力的后致性因素作用不大，阶层间的流动呈现高度封闭、固化的特征。在“城乡二元”管理体制下，农民通过社会流动变为工人或干部、工人变为干部，都存在着难以逾越的制度性鸿沟，靠个人努力很难逾越。改革开放之后，市场参与配置的社会资源越来越多，大多数省市户籍制度也逐渐放开，我国社会流动已经由“封闭”向相对“开放”转变，阶层之间的流动也变得频繁起来。随着社会资源配置效率的不断提高，在社会流动方面存在着的许多制度性障碍正逐渐消除，但效率提高的同时人们的收入差距也渐渐拉开，贫富两极分化越来越明显，经济资本愈来愈成为社会流动中重要的障碍因素，阶层之间的门槛大幅抬升，直到目前仍呈现出不断加速的趋势。社会较低阶层的子女进入较高阶层的机会不断减少，两者间的互动障碍越来越多，甚至出现了发展机会被强势阶层垄断的势头，尤其是政商联盟对稀缺社会资源的垄断。

4. 社会阶层代际传递现象越来越明显

社会资源分配和使用上的不公、社会精英阶层支配权的巩固等，导致社会精英阶层和弱势群体在可选择路径不多的情况下，日渐陷入当前的自身内卷化发展的怪圈，各领域的资源分配都已经变得非常紧张。“权力资源对于个人社会阶层地位的获得所具备的重要作用得到了证实。这在一定程度上验证了市场转型中权力资源回报优势的延续性。”[①]在实践中，我们看到率先暴富的人，如有官方背景的商人、国企高层等都与权力

---

① 刘祖云、胡蓉：《权力资源与社会分层：一项对中国中部城市的社会分层研究》，《江苏社会科学》2006 年第 6 期。

资源有着千丝万缕的联系，这反映了在社会转型阶段权力资源对其他社会资源的支配地位并没有真正削弱，甚至影响还在强化。

5.阶层间矛盾有激化的趋势

中国社会结构的变动基本符合从计划经济向市场经济转化的规律，从总体上在不断走向优化，但是随着社会资源配置大格局基本定型，国家通过行政措施配置的社会资源从总体上在不断减少。在原有贫富差距拉大的背景下，强势阶层和弱势群体的贫富差距拉大、阶层间流动机会不平等，再加上由于精英结盟造成公权力与私权利边界模糊不清，形成了极具中国特色的政商环境，即构成了一个以权力为核心、官商相依的利益共同体，这个联盟利用自己在社会资源获取上的先天优势大搞行贿受贿、买官卖官等权钱交易、权威交易，并形成相对稳定的既得利益，与中下层利益上的冲突日趋明显，从而导致许多关切基本民生的矛盾开始显性化。从社会发展来看，社会分层后各自的价值观念就会产生分离，共同的社会价值观到现在还在生成中，这需要通过调整社会资源配置的方式打破既有的利益格局，重新开始凝聚改革共识，让各阶层有一个协商的空间而不是短兵相接，如果社会共识迟迟未凝聚，新旧问题累积的矛盾将会更加尖锐。“当代中国社会的危险性与不成熟性主要表现在人们的生活世界中，态度与行为的社会价值取向不一致性，究其根源，则是由于几种根干社会价值系统的并存。”[①]正常的社会必然存在不同利益阶层间都能接受的且自觉遵守的规范规则，无论是价值观还是共识，实际是一个社会公共利益的认知问题。没有社会共识，实质上是社会缺乏为所有利益阶层所共同

---

① 王处辉:《不成熟的社会》，载张立升:《社会学家茶座》第17辑，山东人民出版社2006年版，第99页。

接受从而可以调节人们基本行为的共同约束。涂尔干把没有共识的社会解释为“社会失范”。十八届四中全会提出的“依法治国”，就是把法治作为所有人共同的约束及合作的前提。

面对愈发紧缺的社会资源，阶层、个体间的竞争愈加激烈，不同收入阶层之间的利益冲突也日益激烈。从总体上来看，现阶段社会资源配置引发的社会矛盾多属于人民内部矛盾，大都比较缓和，但在某些领域和地区，群体性事件大幅增多，冲突方式越来越激烈。社会资源通过权力向极小部分人集中，造成社会财富向少数人倾斜，发展到一定程度就超越了经济问题的范畴转化为严重的政治问题，由一般性的利益纷争转化为激烈的社会冲突。比如，以土地、矿产资源的转移引发的矛盾已经呈现出鲜明的对抗性特点，甚至出现扣押干部当人质、拆迁致死事件，由此在某些地区已经引起群众冲击政府的恶性事件。胡德平认为，“权钱结合、凌驾于人民利益之上的特殊利益集团，这部分人和国家、和党都是对抗性的矛盾”，这些人所得都是从人民身上褫掠而来的，必须依法处理，把他们的非法所得归还给人民。[①] 在社会资源配置失序持续加大的过程中，社会中的一部分人成为弱势群体，无缘分享改革的成果，由此导致在很多方面都出现了程度不同的公平正义缺失问题。我们仅就“民告官”案件数量来看，自从《行政诉讼法》颁布 25 年来，虽然胜率低至 10％以下，但“民告官”的案例还是呈逐年增多的趋势（参见图 2-6）。需要说明的是，行政诉讼案件相对于上访案件只是很小的一部分。据相关部门统计，涉及行政争议的信访案件每年有 400 万～600 万件，同期相比大大超过行政诉讼案件和行政复议案件的数量。[②]

---

① 参见胡德平：《特殊利益集团是改革最大阻力，法治保护经济改革成果》，2014 年 11 月 13 日《新京报》。

② 参见《“民告官”信访案件年超 400 万件，远超行政诉讼案》，2014 年 11 月 5 日《京华时报》。

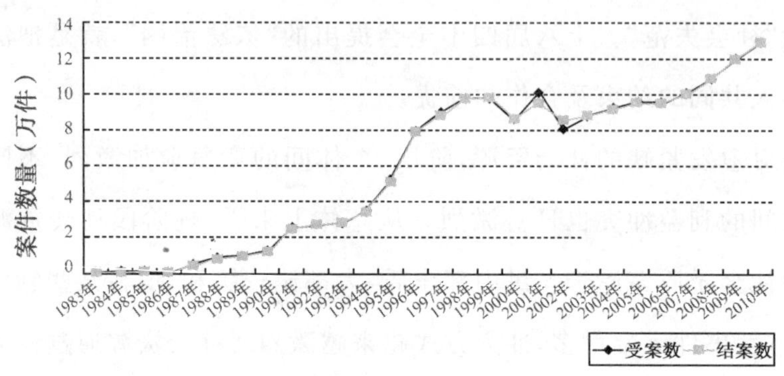

图 2-6　全国历年一审行政案件的受案数和结案数[①]

因为不公平造成的贫富两极分化最容易引发社会冲突。西德尼·塔罗(Sidney Tarrow)认为:“就那些生活陷入困苦和绝望中的人而言,令人激动的、冒险的、或许有益的集体行动,很可能给他们提供一种收益。”[②]马克斯·舍勒(Max Cheler)也认为,社会中一些人的怨恨情绪一经形成,就很难控制,“因为无法向外表达和发泄,便在内心猛烈翻腾,脱离了原初对象的怨恨,紧缩聚拢,融化为一团有毒物质,形成了一个毒源。如果意识控制稍有松懈,它就会脱颖而出”[③]。

全面深化改革必须解决官员腐败、收入分配不公、贫富两极分化及由此衍生或互为因果的司法、教育等领域的不公正和不平等,充分发挥市场在资源配置中的核心作用,当然这就涉及对现有利益格局的调整和再分配,既得利益者将受到抑制,如依法限制权力私用、简政放权压缩政府审批职能、改革国企高管工资分配制度等。面对深化改革必需的利益调整,

① 引自何海波:《困顿的行政诉讼》,《华东政法大学学报》2012 年第 2 期。

② [美]西德尼·塔罗:《运动中的力量——社会运动与斗争政治》,吴庆宏译,译林出版社 2005 年版,第 16 页。

③ [美]马克斯·舍勒:《价值的颠覆》,罗悌伦等译,三联书店 1997 年版,第 41～42 页。

那些长期享有特权的阶层自然不适应，或明或暗地抱怨、拖延、抵抗是自然的。面对这样的改革困局，也有人祭出阶级斗争的“传统法宝”，在一定层面反映了一些人的不满情绪和社会矛盾的激化。意图用阶级斗争替代不可阻挡法治社会，应该只是一些人关于社会发展理论的臆想，重拾通过煽动仇恨、内斗整人来发展的阶级斗争理论，在今天显得有些不合时宜。在国家现代化的过程中，改革与依法治国已成不可逆的大势。以往的教训告诉我们，阶级斗争只是零和游戏，改革只要沿着公正公平的道路发展就有机会实现双赢或多赢。现代文明社会的发展本来就不是谁统治谁、谁打倒谁的单极选择。

第三章 社会资源配置不公平导致社会结构固化

社会资源配置对社会每个人的生存状态都有鲜明的影响,关切所有人的生存和发展质量。精英阶层利用自身获取社会资源的优势,千方百计地把财富,甚至权力直接传继给自己的下一代。社会资源具有稀缺性和排他性,如果上层过度使用和侵占社会资源,利用一切手段阻碍其他阶层获得必需的社会资源,社会流动的良性渠道会越来越狭窄,中下层成员向上流动的社会机会和可能性将会大幅减少,阶层代际传递、复制固化的暗流也会更加汹涌。无论是富裕还是穷困的代际传递,从本质上而言都主要源于社会资源配置制度设计的偏差。阶层复制、社会固化是社会资源配置两极化的结果。当前,社会资源配置不公平主要表现为社会上层根本不遵循权利与义务的对等原则,他们为了维护自己的既得利益,在社会资源配置上设置重重障碍,权力和金钱联手构筑独特的政商联盟,极力阻止社会资源均衡化进程,同时设法垄断重要的社会资源,在阶层之间设置了各种利益藩篱和流动壁垒,尤其是在经济资源、政治资源(权力资源)、社会资本、文化资本等社会资源配置中,运用自己的利益链制造重重阻隔，使其他阶层获得社会资源的成本和难度不断提高，这些问题可以从下面几个方面显露出来。

一、劳动者报酬占GDP比例偏低影响社会流动

1.初次分配中长期维持“强资本，弱劳动”的格局

劳动是人们谋生的手段，在社会公平的环境中一般民众通过个人聪明才智和勤劳双手，就可以获得不错的发展机会，劳动所得可以让自己有尊严地生活。一个社会是否充满希望，与其是否尊重普通劳动者密切相关，尊重劳动的社会才能财流涌动。尊重劳动者不仅仅是表现在口头上，而是要让劳动者获得足够的劳动报酬，以支撑他们体面地生活和发展。“在人格公平和机会公平的前提下，社会公平的真正实现，还要求社会各成员参与经济活动的过程亦即竞争和交易的过程也应当是公平的。”[①]市场、企业和劳动者作为创造财富的主体，社会资源应向生产领域倾斜、向劳动者倾斜。让劳动者公平合理地获取经济资源，在社会分配体系中占主导地位，才能维系一个社会的良序。目前我国初次分配中资本所得畸高，财政收入大幅增长，实际劳动所得却持续下降。

马克思创立了按劳分配学说，提出根据一个人的劳动量和社会贡献，分配给他含有同量社会必要劳动时间的经济权利，这样才能保持社会基本的公正。马克思在《哥达纲领批判》中分析这一原则时写道，广大劳动者“除了自己的劳动，谁都不能提供任何东西，另一方面，除了个人的消费

---

① 曹子坚:《从社会公平的层次看社会不公平的累积与放大》,《甘肃理论学刊》2002年第2期。

资料，没有任何东西可以成为个人财产。至于消费资料在各个生产者之间的分配，那么这里通行的是商品等价物的交换（作者注：即等价交换）中通行的同一原则，即一种形式的一定量的劳动可以和另一种形式的同量劳动相交换”①。按劳分配的进步性在于它既反对不劳而获，又反对平均主义；普通劳动者在社会中除了技能和劳动力没有任何其他资本，按劳分配原则最大限度地保障了劳动者的基本权益。

在改革之初，改革的总设计师邓小平就主张一定要打破“吃大锅饭”的平均主义，他十分重视在收入分配中要坚持按劳分配，把坚持按劳分配原则作为社会主义的一个根本原则不断强调：“我们一定要坚持按劳分配的社会主义原则。按劳分配就是按劳动的数量和质量进行分配。”②实际上，按劳分配原则也成为改革社会财富分配问题的起点。中国改革进行得相对比较顺利，也得益于“首先把劳动力资源确认为推动经济发展和社会进步的第一资源，从而将其置于一切发展序列的优先位置”③。劳动力资源作为第一资源，在分配序列中也要放在优先位置，这样才能更加公平地分配社会财富，劳动者用人力资本才有可能换取更多的其他的社会资源。

一个国家的总收入的初次分配，大致分解为三部分：一是以工资形式分配给职工，包括工资、奖金收入以及个体经营的收入；二是生产过程中以税金形式上缴给国家；三是国有和私人企业因资本折旧所得到的回报和资本投资利润。经济学将全社会工资总额在 GDP 中所占的比例称为“分配率”，这是衡量国民收入初次分配公平与否的量化指标。

市场经济相对比较成熟的发达国家，分配率多为 54%～65%，如 2008 年，美国分配率为 55.99%，法国为 51.64%，英国为 53.40%（见表

① 《马克思恩格斯选集》第 3 卷，人民出版社 1972 年版，第 11 页。
② 《邓小平文选》第 2 卷，人民出版社 1994 年，第 102 页。
③ 俞宪忠、赵永乐：《全球化与中国劳动力自由流动》，《山东社会科学》2007 年第 12 期。

3-1)。2007年,日本的分配率为51.29%左右,同期韩国为46%。

表3-1 1980～2008年部分国家劳动者报酬占GDP比重情况(%)

年份	日本	美国	法国	英国	墨西哥
1980	54.29	61.04	56.13	58.75	36.04
1990	53.56	60.35	53.45	57.50	29.53
1995	56.70	60.11	51.94	54.39	31.08
2000	53.78	59.27	51.98	56.00	31.32
2005	51.51	56.21	52.04	54.47	29.61
2006	51.95	56.11	51.87	54.13	28.59
2007	51.29	56.13	51.51	53.22	28.44
2008		55.99	51.64	53.40	28.01

* 数据来源:根据《国际统计年鉴》(2002～2011年)收入/GDP计算所得。

工资总额占GDP的比重越高,表示劳动者的工资性收入在国民收入的初次分配中所占份额越大,劳动者的主体地位就越突出。劳动者的主人翁地位首先是通过劳动者权利的实现来体现的,而经济地位是其权利的基础。近几年西方发达国家的分配率呈略微上升趋势,27个欧盟国家的平均分配率为56.1%。美国的数值有所下降,2006年的分配率为51.6%。我国职工的平均工资从1990年至今一直呈增长趋势(见图3-1),但是职工工资总额占GDP比重一直偏低,分配率为11%～16%(见表3-2),如果再加上工资额30%的各种福利,则应为15%～20%。自1978年以来,最高的年份是1980年为16.99%,最低的年份是2004年为11.02%(见表3-2)。

图 3-1　1978～2010 我国平均工资增长图

＊数据来源：据《中国统计年鉴》(1992～2010 年)数据编制而成。

表 3-2　　1978～2010 年我国劳动者报酬占 GDP 比重情况

年份	工资总额（亿元）	GDP（亿元）	人口数（万人）	人均工资（元）	分配率（%）	人均工资增速	人均 GDP（元）	人均 GDP 增速
1978	568.9	3645.2	98259	59.10	15.61%	N/A	378.69	N/A
1979	646.7	4062.8	97542	66.30	15.92%	12.18%	416.50	9.98%
1980	772.4	4545.6	98705	78.25	16.99%	18.03%	460.53	10.57%
1981	820.0	4891.6	100072	81.94	16.76%	4.71%	488.80	6.14%
1982	882.0	5323.4	101654	86.76	16.57%	5.89%	523.67	7.13%
1983	934.6	5962.7	103008	90.73	15.67%	4.57%	578.85	10.54%
1984	1133.4	7208.1	104357	108.61	15.72%	19.70%	690.71	19.32%
1985	1383.0	9016.0	105851	130.66	15.34%	20.30%	851.77	23.32%
1986	1659.7	10275.2	107507	154.38	16.15%	18.16%	955.77	12.21%

续表

年份	工资总额（亿元）	GDP（亿元）	人口数（万人）	人均工资（元）	分配率（%）	人均工资增速	人均 GDP（元）	人均 GDP 增速
1987	1881.1	12058.6	109300	172.10	15.60%	11.48%	1103.28	15.43%
1988	2316.2	15042.8	111028	208.62	15.40%	21.22%	1354.89	22.81%
1989	2618.5	16992.3	112704	232.33	15.41%	11.37%	1507.69	11.28%
1990	2951.1	18667.8	114333	258.11	15.81%	11.10%	1632.76	8.30%
1991	3323.9	21781.5	115823	286.98	15.26%	11.18%	1880.58	15.18%
1992	3939.2	26923.5	117171	336.19	14.63%	17.15%	2297.79	22.19%
1993	4916.2	35333.9	118517	414.81	13.91%	23.38%	2981.34	29.75%
1994	6656.4	48197.9	119850	555.39	13.81%	33.89%	4021.51	34.89%
1995	8255.8	60793.7	121121	681.62	13.58%	22.73%	5019.26	24.81%
1996	9249.4	71176.6	122389	755.74	13.00%	10.87%	5815.60	15.87%
1997	9602.4	78973.0	123626	776.73	12.16%	2.78%	6388.06	9.84%
1998	9540.2	84402.3	124761	764.68	11.30%	−1.55%	6765.12	5.90%
1999	10155.9	89677.1	125786	807.40	11.32%	5.59%	7129.34	5.38%
2000	10954.7	99214.6	126743	864.32	11.04%	7.05%	7828.01	9.80%
2001	12205.4	109655.2	127627	956.33	11.13%	10.65%	8591.85	9.76%
2002	13638.1	120332.7	128453	1061.72	11.33%	11.02%	9367.84	9.03%
2003	15329.6	135822.8	129227	1186.25	11.29%	11.73%	10510.40	12.20%

续表

年份	工资总额（亿元）	GDP（亿元）	人口数（万人）	人均工资（元）	分配率（%）	人均工资增速	人均GDP（元）	人均GDP增速
2004	17615.0	159878.3	129988	1355.13	11.02%	14.24%	12299.47	17.02%
2005	20627.1	184937.4	130756	1577.53	11.15%	16.41%	14143.70	14.99%
2006	24262.3	216314.4	131448	1845.77	11.22%	17.00%	16456.27	16.35%
2007	29471.5	265810.3	132129	2230.51	11.09%	20.84%	20117.48	22.25%
2008	35289.5	314045.4	132802	2657.30	11.24%	19.13%	23647.64	17.55%
2009	40288.2	340902.8	133450	3018.97	11.82%	13.61%	25545.36	8.02%
2010	47269.9	401202.0	134091	3525.21	11.78%	16.77%	29920.13	17.13%

＊数据来源：《中国统计年鉴》(1992～2010年)及《中国资金表流量情况》(1992～2009年)。

1978～2010年，与劳动报酬比重的持续下降形成了鲜明对照的是资本报酬占GDP的比重却上升了20个百分点。陈光金曾对官方统计数据进行过分析："在地方GDP的构成中，劳动者报酬所占比重只有40%左右，而所谓营业盈余亦即资本报酬所占比重高达30%以上，还不包括资本通过资产折旧所得到的收益(也占15%左右)，这种情况在资本主义的西方世界也是看不到的。"①这种状况导致我国初次收入分配中劳动者报酬比重不断下降，分配严重向资本倾斜，初次收入分配格局长期不利于广大的劳动者。

根据清华大学白重恩教授等人的研究分析，居民收入比重下降主要

① 田磊：《收入分配不公正的根源》，《南风窗》2011年3期。

是因为劳动收入比重下降。[①] 2012 年 12 月，中国社会科学院对我国居民收入增速与经济发展增速不同步、劳动者报酬占 GDP 比重偏低问题进行了专题探讨。根据统计，“1979 年～2011 年，中国人均 GDP 年均增长 8.8%，城镇居民人均可支配收入和农村居民人均纯收入年均增长均为 7.4%，比人均 GDP 增速低 1.4 个百分点”[②]。

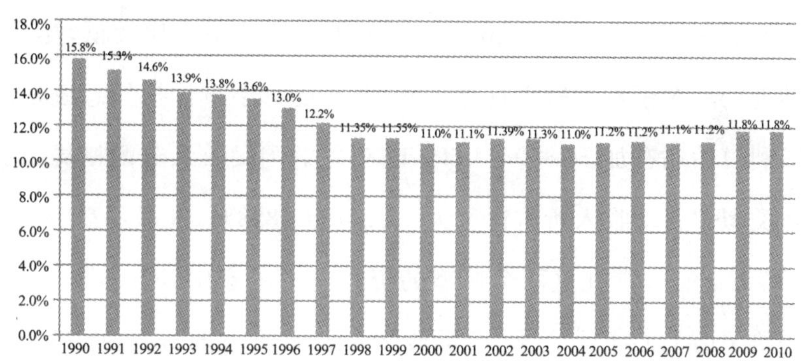

图 3-2　劳动报酬占 GDP 比重下降趋势

* 资料来源：据《中国统计年鉴》(1990～2010 年)数据编制而成。

我国劳动与资本两个要素在取得收入方面长期严重失衡，分配中这种“强资本，弱劳动”格局目前仍在不断强化。在经济发展过程中各级政府非常在意和关注 GDP 增速与 GDP 总量，但是却忽略了社会财富分配的基本逻辑。仲大军研究指出，我国的资本收入占国民收入的比重至少在 50%左右，工资收入大约只占国民收入分配部分的 22%，另外大约 20%属于流入个人腰包的灰色收入，但大部分也落入了权力者的手中。“财政税收隐性和显性加起来至少占 GDP 的 35%，GDP 几个比重，如果扣掉 35%，我们的工资收入大约是 22%，GDP 几大块就划走了。工资收入 22%，比财政收入

① 参见 2012 年 10 月 18 日《中国证券报》。

② 陆学艺、李培林、陈光金：《2013 年中国社会形势分析与预测》，社会科学文献出版社 2012 年版，第 28 页。

35%要少得多,可见七八亿劳动群体加上所有劳动收入比起政府开支要小得多。”[①]

通过对美国经济发展史的研究,王振中发现:“美国在1870～1984年期间的114年中,劳动在国民收入分配格局中始终处于主导地位:劳动收入所占比重为50%至74.3%;资本要素收入所占比重为24.5%至16.6%。”[②]在美国国民收入分配格局中资本所占比重一直比较低,尽管如此,美国学者仍然对于资本所得批评不断,尤其是对小布什担任总统期间取消资本得利税诟病有加。1860～1984年,英国的国民收入分配格局与美国情况大致类似:“劳动收入所占比重为45.2%至68.8%;资本要素所占比重为36.5%至21.9%。”[③]在这两个典型的资本主义国家中,国民收入的大部分都分配给了劳动而不是资本,劳动收入是资本收入的数倍,而且劳动收入的占比还在不断增加。

有学者就中国经济发展进行过纵轴立体的数据分析:1957～2007年,中国的经济年平均增长率达到10%,这一数据在世界经济发展史上是个非常可观的记录。但据国家统计局数据统计,中国农村7亿多人口的年平均生活消费支出:2007年是3000多元,1957年是70多元,年平均增长了3%。只相当于经济增长率的1/3。换句话说,10%的经济增长惠及的不是占人口大多数的老百姓。如果GDP增长不能带来劳动者收入增长,经济发展就失去了意义。

美国学者吉尔伯特·罗兹曼(Gilbert Rozman)在其主编的《中国的现代

---

① 仲大军:《论我国税负合理性及财政开支的透明性》,北京大军智库经济咨询有限公司网站,http://www.dajunzk.com/nashui.htm。

② 王振中:《劳动和资本要素在美英国民收入分配中的地位》,《上海工会管理干部学院学报》2003年第2期。

③ 王振中:《劳动和资本要素在美英国民收入分配中的地位》,《上海工会管理干部学院学报》2003年第2期。

化》一书中说:“统一的中央政府的建立,其最直接的结果就是为经济高速增长而调动了各种技能和资源。”①无论是改革开放之前,还是改革开放之后,资本要素的配置权都牢牢地控制在国家的手中。图 3-3 显示了我国 1952～1978 年中央财政收入、支出占全国的比重,从中可以看到在改革之前因为没有任何形式的非公有制投资资本,中央财政支出非常稳定,牢牢地控制着全国所有的资本投入(见图 3-3)。

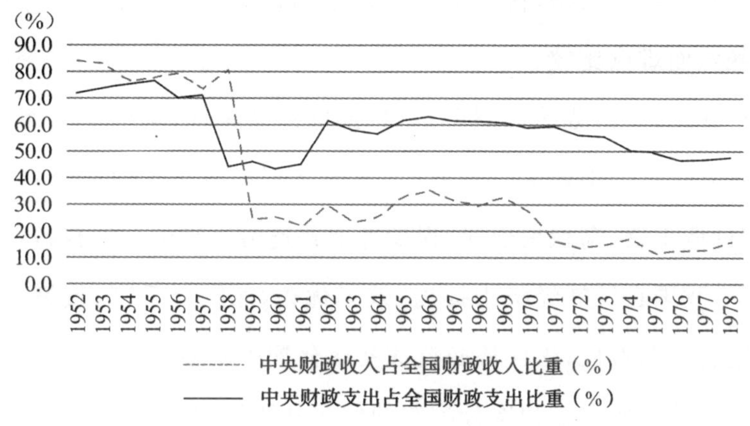

图 3-3 1952～1978 年中央财政收入、支出占全国的比重

“在 20 世纪 80 年代,国家控制着资金的流动与配置。1992 年以来股票市场迅速发展,但信贷市场发育滞后,政府对资本流动的干预依然大大超过对劳动力流动的干预。”②1992 年,党的十四大就明确提出要建立社会主义市场经济体制,尽快确立市场在资源配置中起基础性作用。20 多年过去了,政府仍然保持着支配资源的大部分权力,拥有社会核心资产的垄断权,土地、自然资源、金融市场资源都受国家绝对控制,连一般的生

① [美]吉尔伯特·罗兹曼主编:《中国的现代化》,陶骅等译,上海人民出版社 1989 年版,第 607 页。

② 边燕杰、吴晓刚、李路路:《社会分层与社会流动:国外学者对中国研究的新进展》,中国人民大学出版社 2008 年版,第 10 页。

活用品水电油、烟草、盐等还在实行严格的垄断经营。黄仁宇曾经研究过中国改革后政府对资源的管制问题,他认为:“虽有最近的放松管制,但人民共和国的政府从未宣布它将放弃在很多事业上的专利,这专利及于冶金、炼油及化学工业、机械工程、造船业、交通事业、保险业、对外贸易、传播事业甚至旅游事业。”[①]据统计,国有企业占了全国 GDP 的 38%,雇佣了 8500 万员工,约占城市就业人口的 1/3。当然,政府实际对经济资源的掌握远超出这些数据,目前国家所控制的资本总量与私人所控制的依然过于悬殊而难以比较。

改革开放以后,劳动报酬占 GDP 比重越来越低,从根本上而言这与传统发展方式是分不开的。一方面,我国计划经济长时间过分强调经济效率,实行低工资、高积累模式,很少考虑普通劳动者的合法权益,忽视了社会公平;我国在发展经济中提出“效率优先,兼顾公平”的政策,曾把经济发展速度放在首位,这样势必造成初次分配中明显向资本所得倾斜,使资本所得和劳动所得在初次分配中的位序和比例明显失衡。

一方面,改革开放以来政府税收每年都以 20%的速度增长,有的年份更是超过 30%,其中 2007 年财政收入约 5 万亿,比上年增长了33.3%,而当年居民收入增长还不到 10%。如果再加上各种非税收入,政府的财政收入增幅不仅是居民收入的 2 倍,而且还超过了企业利润的增长速度。2012 年 9 月 14 日,人社部劳动工资研究所发布的《2011 中国薪酬报告》显示,2011 年居民收入占国民收入相对比重仍在下降;国家统计局的数据也显示,2011 年城镇居民人均可支配收入比上年名义增长 14.1%,低于 GDP 增长率 0.8 个百分点,而 2011 年全国公共财政收入增长 24.8%,增幅是城镇居民人均可支配收入名义增幅的 1.76 倍,达到了农村居民人

---

① 黄仁宇:《中国大历史》,第 307 页。

均纯收入增幅的1.39倍。

另一方面,分配率除反映社会分配是否公平之外,还能够反映社会各阶层在利益谈判上的能力差异。一个国家对待劳动者的态度,清楚地体现在分配制度之中。劳动不一定创造财富,但是财富一定是由劳动创造的,但资本本身并不会创造社会财富。亚当·斯密在《国富论》中提出"劳动是衡量一切商品交换价值的真实尺度"以及"一切劳动产品都是社会财富"[①]的论断。大卫·李嘉图(David Ricardo)在此基础上提出了"劳动是价值创造的唯一源泉"的劳动价值论。马克思出于对广大劳动人民的同情和尊重,完全接受了李嘉图的劳动价值论,并将此观点作为自己政治经济学理论的基础。尊重和保护劳动者应该作为分配制度设计的起点。李嘉图还提出了著名的市场经济分配定律:在市场经济中,社会生产力发展和社会的进步是以牺牲某些阶级或阶层的利益为代价的。如果没有外来干预,在国民收入分配中利润与资本额成正比例,既不与劳动付出成正比例,也不与效益成正比例。这也是市场失灵的一部分,劳动所得与资本所得不成比例也就很自然了。同时,我国的劳动分配严重不公平,还突出体现在行业之间的付出与收入不是成正比的,部分职业甚至给人不劳而获的错觉,才导致就业上从众主义的泛滥,人们都扎堆去考公务员,而对一般性的劳动嗤之以鼻。收入不能体现按劳分配,职业歧视自然就比较严重,阶层之间的冲突也就越多。

近些年,我国税收和政府开支的增长速度在20%～30%之间,远高于同期经济增长和居民收入增长速度,"国富民穷"成为事实。近几年的中央会议都会强调"居民收入占国民收入分配比偏低,劳动报酬在初次分

① [英]亚当·斯密:《国民财富的性质和原因的研究》,郭大力、王亚南译,商务印书馆1972年版,第26页。

配中比重偏低”问题，高层对“两个偏低”已经达成共识。长期的比例失调已经影响了中国经济发展的后劲，目前我国只有努力推进分配制度改革，才能打破固有的利益格局。因为改革的延宕只会导致收入分配调整的难度越来越大。

劳动收入是绝大多数居民最主要的收入来源，劳动与资本收入长时间失衡会造成极为严重的后果。我国投资渠道狭窄，收益较差，广大劳动者的收入来源非常固定单一，绝大多数都是依赖劳动报酬为生，劳动报酬在 GDP 中的比例不断下降，最终导致居民收入在国家财富收入中的比重下降，从而严重限制了内需，老百姓手中没有多余的钱，扩大内需只能成为一句口号。但是今天的国际市场中，“Made in China”的商品遍布世界市场每一个角落，我们还能指望从与美国，特别是欧洲的贸易中再获得多少增长呢？只有内需才能撑起中国经济的未来，没有内需中国经济就没有未来。劳动者过低的收入意味着无法给自己和后代进行人力资本投入，国家经济增长只能无奈地建立在素质不高的廉价劳动力的基础上。实践证明靠“引进外资”、出口及政府投资推动的增长方式不具有可持续性，无法带来真正的经济繁荣。没有推动生产效率提高的科技创新和制度创新及高素质的劳动者队伍，产业结构长期处于低端而无法升级，经济增长更多的是借助寅吃卯粮的提前透支方式，自然难以长期维持。

分配问题归根结底是一个权利问题，劳动收入与资本收入的严重失衡，是劳动者与资本权利、义务严重失衡的结果，它体现的是社会分配的极度不公平。对此如果不予高度关注并采取果断措施加以调节，这种失衡和矛盾所孕育的社会风险就难以规避。对于那些无法从这个制度获得合理收益的社会群体来说，他们也没有任何意愿去维系制度的稳定。鸦片战争时期，英国海军和清军在镇江江面上短兵相接、展开搏杀，令人惊奇的是岸上竟然聚集了大批看热闹的百姓。更过分的是，当清军的舰船被英军炮火击中沉没时，两岸百姓不仅不难过反倒不时地爆发出喝彩声，阅国难如同看戏。获胜的英军登陆后，为没有食物和饮水发愁，结果看热闹的百姓们立即变成小贩，争相把食物和水卖给英军，大有争当“带路党”的势头。本来是两国交战，事关民族大义、国家荣辱，面对入侵者本应同仇敌忾，可百姓却把它演化成如同赶集的买卖机会，为蝇头小利施货于入侵者，把英军指挥官都搞得百思不得其解，让中国翻译解惑。翻译答曰：“国不知有民，民亦不知有国。”这的确是一个民族的悲剧，当然这也是清王朝贪污腐败、贪图享乐，置百姓于水火不顾的必然结果。草根臣民已经把偌大的国家看成皇帝一人一家的私有物，自己只不过从中取巧、苟且生存、匆匆而过的“酱油客”而已，实际上整个社会的凝聚力已经完全破碎，社会上层和下层已没有任何共同利益，这对后世的国家管理者确实是很大的警醒。

2. 普通劳动者收入过低，加大了各阶层的生存压力

1999 年 6 月，国际劳工局局长胡安·索马维亚（Juan Somavia）在第 87 届国际劳工大会上提出了“体面劳动”（Decent Work）的概念，意在呼吁各国政府必须保护劳动者的合法权利。当然社会也应提供足够的工作岗位，以使劳动者有足够的收入和充分的社会保护。

课题组在调查期间访谈了一对通过技术移民至澳大利亚的夫妻。夫妻双方家庭背景非常一般，都是普通工人家庭，这意味着不能为他们在澳大利亚的生活提供任何经济上的支持。女方在澳大利亚工作 3 年后生育，之后一直在家带孩子，没有再工作。2014 年 6 月，他们靠贷款买了一幢占地 600 平方米、建筑面积为 300 平方米的住房（House），目前只有丈夫在做一般的建筑装饰的工作，月薪为 5000 澳元左右。全家的消费支出完全依赖于丈夫的工资和政府不多的儿童福利（每月 900 澳元左右）。在

当地，他们虽然不是很富裕，但完全能够养家糊口、供房车等。他们还告诉课题组，等孩子大一些再要第二个孩子。因为国情不同我们不能做具体比较，但是这些国家的民众生存状态确实值得我们研究。

只有充分考虑“劳动要素”参与收益分配，才能在全社会树立尊重劳动的良好风气。收入提高了，生活压力变小了，任何劳动者都可以体面地生活，木匠、瓦工、汽车修理工、电焊工等产业技术工人所从事的工种才会受到社会越来越多的尊重，大多数人所追求的就是辛勤付出后能得到相应的回报。在很多国家，一名普通工人独自养活一家四五口人是很正常的情况。根据课题组的入户调查，了解到我国大多数年轻父母不仅没有时间照顾孩子，连经济上的开支都吃不消，双方家长不仅要帮助照料小孩，还要拿出养老钱补贴家用。最近关于“二胎”问题引起社会关注，在出台“二胎”政策之初，政府预计符合条件的2000万对夫妻至少有50%会选择生育“二胎”，但政策实行近一年，只有70万对提出申请，申请生“二胎”的人数却远远低于官方预期。[①] 青岛市符合“单独二胎”生育政策的家庭有11.5万个，申请“单独二胎”的家庭仅有2.4万个，只占总家庭数的两成。[②] 申请人数明显低于官方预期。为什么会出现如此大的判断落差？首先是多年的计划生育政策让中国人形成一定的生育观念惯性，生养的观念出现了实质性的变化；其次是更现实的原因，城市生活压力太大，生育和养育成本是父母们选择生“二胎”时必须要考虑的问题。

中美物价对比是一个容易引起争议的话题，无论媒体还是个人都有自己的看法。有媒体将上海与华盛顿的物价情况进行了梳理比较，通过汇率折算后发现两者各有高低。美国大部分普通商品的价格比中国高出

---

① 参见2014年10月31日《中国时报》。

② 参见王娉：《青岛2.4万人申请单独二孩仅占两成》，2014年11月11日《青岛日报》。

30%～50%,而有部分商品,比如猪肉、排骨、鸡肉、白糖等价格比中国要便宜20%,甚至更多。总体而言,美国的物价没有我们想象得那么高(详见表3-3)。

表3-3 中美两国物价的对比表

	上海(人民币/斤)	华盛顿(美元/磅)	折合人民币($1=¥6.38)	换算单位后比价(1磅=453.6克=0.907斤)
猪肉	¥16.00	$1.79	¥11.42	127%
排骨	¥23.00	$2.99	¥19.08	109%
鸡	¥15.00	$0.99	¥6.32	215%
鸭	¥13.00	$1.99	¥12.70	93%
鱼	¥10.00	$1.99	¥12.70	71%
黄鳝	¥30.00	$6.99	¥44.60	61%
蛋	¥5.70	$1.67	¥10.65	49%
大米	¥3.50	$0.40	¥2.55	124%
面粉	¥1.40	$0.30	¥1.91	66%
菜油	¥8.00	$1.00	¥6.38	114%
白糖	¥4.44	$0.80	¥5.10	79%
莴笋	¥3.00	$1.99	¥12.70	21%
上海白	¥3.00	$0.79	¥5.04	54%
四季豆	¥2.50	$1.99	¥12.70	18%

续表

	上海（人民币/斤）	华盛顿（美元/磅）	折合人民币（$1=¥6.38）	换算单位后比价（1磅=453.6克=0.907斤）
土豆	¥1.20	$0.69	¥4.40	25%
红萝卜	¥2.00	$0.99	¥6.32	29%
白萝卜	¥1.00	$0.99	¥6.32	14%
冬瓜	¥1.00	$0.29	¥1.85	49%
南瓜	¥1.50	$0.99	¥6.32	22%
黄瓜	¥2.00	$0.99	¥6.32	29%
苹果	¥4.00	$0.99	¥6.32	57%
西瓜	¥1.50	$0.40	¥2.55	53%

从表3-3中可以看出，与民众日常生活密切相关的物品，如大米、面粉、猪肉、排骨、鸡、鸭、蛋等，上海的售价绝大部分要比华盛顿贵，但中国的蔬菜类产品明显便宜很多，美国的工业制成品、奢侈品价格也同样便宜很多，无论是名牌汽车还是名牌服装，价格都不到中国的1/4。① 发达国家的工资比中国高得多，但iphone（苹果手机）的价格反而比中国低20%～30%。

再从餐饮来看，在北京吃一次快餐要花30元左右，在纽约花5美元左右——单纯从价格来看相差无几。但如果再对比收入，结论就会很惊人。

① “国内一套3万元左右的阿玛尼西装，在这里只要500美元就可以买到；国内标价4.6万元的劳力士手表，在美国不到4000美元；一台国内50万元左右的宝马Z4标价只有21000美元。”（《百度文库》，http://wenku.baidu.com/view/fb706b21581b6bd97f19eac6.html）

中金首席经济学家梁红研究发现，在经过30多年的高速发展后，“我们的人均收入是美国的12%”[①]。收入悬殊这么大而物价却又如此地接近，生活压力高下立判。不可否认我国经济这些年来取得了举世瞩目的成就，但为什么民众普遍抱怨生存压力大，“养家糊口”越来越不易了，甚至出现了“在职贫困”，这不能不让管理者慎思。一个全社会都认同的发展目标应该是公民生存压力较低、生活幸福，幸福感较高的社会才是一个和谐的社会。

我国收入分配向资本倾斜政策一直没有得到改善，劳动阶层收入持续下降。低工资和高物价结合在一起，最终结果表现为普通劳动者发展性消费资金贫乏。发展性消费是超越生存性消费资金的，是个人发展中的经济资源，它为个人向上流动提供最基础的动力。但中低劳动阶层生存性消费占其收入的绝大部分，发展性消费资金十分短缺，从而导致他们失去了向上流动的经济支撑。

二、权力对社会资源的垄断将削弱社会自我创新的动力

“建国六十余年社会管理的过程，是党和政府领导社会实现对资源的有效控制和配给的过程。”[②]改革开放之后，为了行使调节经济秩序、加强市场监管、增强社会管理等公共服务职能，各级政府手中握有大量的如决策权、审批权、执法权等事权。据相关媒体统计，中央政府有1700多项审批事项[③]，地方政府掌握的行政审批权就更多了，仅南京市掌握的各种行政许可、非行政许可及政府服务事项就多达5000余项。“企业建一个办

---

① 《中国人均收入只有美国12%，未富先大是最大问题》，和讯网，2014年10月30日，http://opinion.hexun.com/169856771.html。

② 蔡志强：《新中国60年社会管理的经验与启示》，2011年7月26日《学习时报》。

③ 参见定军：《媒体称年内行政审批权再放百项，含金量大幅提高》，2014年9月11日《21世纪经济报道》。

公楼至少交95种税费，盖192个章”[①]。据有关部门粗略统计，目前我国各级政府审批项目总数多达上万项。[②] 如此之多的审批如一张密密麻麻的大网笼罩在经济社会发展之上，在市场背后到处是舞动着权力这个“无形之手”的魅影。各级政府在土地、矿产、资金等资源配置方面拥有决定权，这些资源都是市场经济条件下稀缺的经济资源，甚至可以直接转换成发展资本。权力不会天然导致腐败，但缺乏监督制约的权力，所有政策都可以变成巧取豪夺。政府那只无处不在的“看不见的手”已经严重侵占了本应由市场配置的社会资源，既影响了配置效率，又因制度设计存在很多问题，对政府活动范围界定不明确。快速的经济增长和急剧的社会变迁引发了权力寻租行为和官员腐败问题。

正因为在中国行政权保持对社会资源的超额、超强配置能力，权力本位的强势在市场经济条件下仍然一览无余，与之相应的社会价值评价体系也伴随而生。在中国社会结构的位序中，官员从古到今都稳居上层，甚至把官级作为一种核心社会价值尺度去衡量一个人价值和成功，这种官本位评价模式从封建时期就确立了，直到现在官本位盛况愈演愈烈。如每年的公务员考试成了全世界最难的考试，录取率之低超出想象，甚至出现三四千人竞争一个职位的情况。进入体制内几乎变成了冰火两重天的人生角色大嬗变，很多大学生好不容易找到一份不错的工作，一旦公务员考试通过了就会毫不犹豫地“弃之如敝履”，这在一定程度上已经影响了社会其他行业的健康发展。社会中依然存在权力与资源配置的扭曲关系，很多权贵阶层就特别希望把权力资源的优势复制给自己的子女，把权力传递给下一代，实现事实上的“权力世袭”，为达成这一目标便充分利用现有行政体制和政策的漏洞。

---

① 顾元森:《企业要建一栋办公楼，至少交95种税费盖192个章》，2014年9月26日《现代快报》。

② 参见张宿堂、赵承等:《梦想在召唤，改革再扬帆——纪念改革开放35周年》，2013年11月8日《人民日报》。

1. 任人唯亲导致“隐形世袭”，挑战社会公正底线

公权世袭是等级社会的产物，排除公众参与的政治体系早已过时，在现代国家中已不具有合法性了。党和政府的权力属于人民，绝不允许权力世袭，在任何情况下子女都不能继承父母掌控的公共权力。但从反腐败查处的案例中我们不难发现，公权如果没有规范和外部监督的介入，握有权力的人就会寻找机会为自己谋取利益。尽管不能直接把官位传给后代，可并不妨碍父辈对后辈的“关照”和“扶持”，因此才有了当下社会的“官二代”“拼爹”等愈演愈烈的权力复制现象。“拼爹”并非中国的特有现象，经研究发现不少国家在社会流动中或多或少地存在“拼背景”和“拼关系”的现象。对于“拼爹”这种现象，社会学称为“代际继承”(Intergenerational Transition)，以此用来描述权力世袭与财富继承的代际传承现象；经济学称之为“代际收入弹性”(Intergenerational Earnings Elasticity)，或“贫富代际转移的概率”。迈尔斯・克拉克(Miles Corak)根据各国“代际继承”具体情况设计出了统计模型，并用图形直观地描述了这种现象，被称为“了不起的盖茨比曲线”(The Great Gatsby Curve)。他认为，越是高度不平等的国家社会流动越慢，也就是代际流动性越低。从财富继承状况来看，越不平等的社会，一个人的经济地位受到父母的经济地位、社会地位的影响就越明显，子女保持在父辈经济阶层的机会就越大。他认为从经济上来看，美国、英国、意大利等国家是世界上高度不平等的发达国家，这些国家的个人财富具有较低的代际流动性，父代对子女的经济地位影响非常明显。根据克拉克 2012 年和 2013 年绘制的曲线图(见图 3-4、图 3-5)，中国和秘鲁的代际继承系数超过了 6，是最高的，比美国、英国、意大利等国的代际继承系数还要高，但克拉克没有对中国和秘鲁的情况作进一步分析。根据他的理论，只能说明在中国和秘鲁子女经济地位更倾向于依赖父母的地位，代际继承问题是非常严重的。

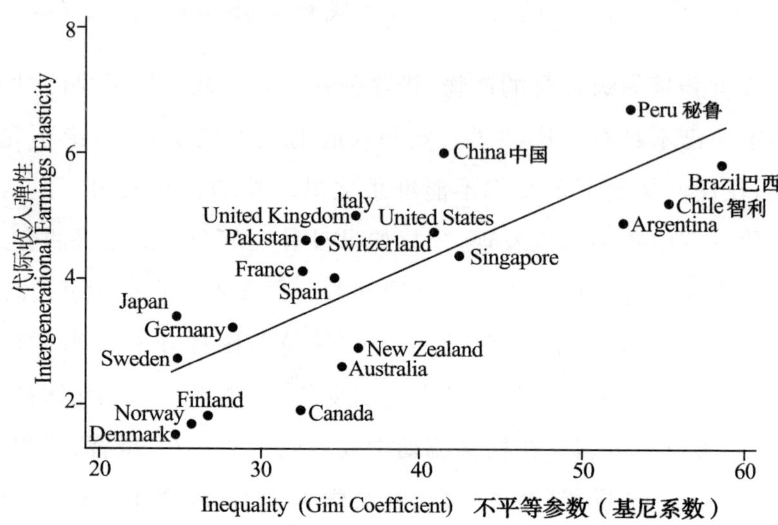

图 3-4 克拉克 2012 年绘制的"了不起的盖茨比曲线"

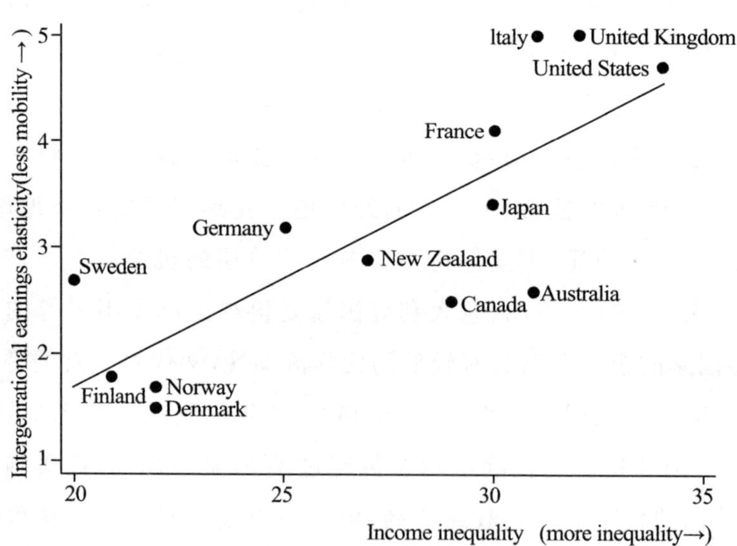

图 3-5 克拉克 2013 年绘制的"了不起的盖茨比曲线"

＊资料来源：Miles Corak：*Income Inequality*，*Equality of Opportunity and Intergenerational Mobility*，IZA DP No. 7520，July 2013.

2014年3月，诺贝尔经济学奖获得者、美国经济学家保罗·克鲁格曼(Paul R. Krugman)在《纽约时报》的专栏中写道："美国富人榜前十名中有六位是财富继承人，而不是白手起家的创业者。"[①]他担心美国社会将倒退至"继承制"的时代。社会规则不仅要由财富决定的，更糟糕的是由继承来的财富决定，富人的大部分收入并非来源于他们的工作，而是来自他们拥有的财产，先赋性因素在社会流动位序中成为最重要的一部分，人的命运一出生就由父母所拥有的财富决定了，出身的重要性要远高过后天的努力和个人才能。这不是哪个人的悲剧，而是一个社会的悲哀。另外，克鲁格曼还从社会财富分配分析了精英子女会占据的优势："1979年，1%收入最高的家庭得到了17%的企业所得；到2007年，这同样一群人却拿着43%的企业所得和75%的资本利得。并且，如今那些经济精英的子女一开始就拥有无可比拟的巨大优势。"[②]仅仅从收入角度，1979～2007年，他们的企业所得占比从17%飙升到了43%。这说明美国社会财富两极化分布是非常明显的。

1620年，饥寒交迫的104名英国清教徒在海上漂泊66天之后，从"五月花号"船上下来，这群疲惫不堪的漂泊者一踏上美洲的土地，就彼此约定要以公平公正"维护公众的利益"。1776年，美国颁布的《独立宣言》明确规定美国是"人人生而平等"的平民社会，这是美国人和美国政府最引以为傲的制度资本，也是很多人把它看成西方民主旗帜的主要原因。但美国的政治世家并不罕见，如肯尼迪家族、布什家族、克林顿家族等，但这些表象并没有打破人们对"美国梦"的幻象。对于来到美国的人都可以

---

① Paul Krugman, "Wealth Over Work," *The New York Times*, Monday, March 24, 2014. 原文：But six of the 10 wealthiest Americans are already heirs rather than self-made entrepreneurs, and the children of today's economic elite start from a position of immense privilege."

② Paul Krugman, "Wealth Over Work," *The New York Times*, Monday, March 24, 2014。

做“美国梦”，不管自己的出身来历，只要凭借个人努力打拼奋斗，就能白手起家，和有产阶级一样舒适富足地生活。很多美国社会学家也曾经这样认为：“在一个自由民主的社会中，我们认为自致性原则是更为基本的原则。分层体系的一些先赋性特征则被视为是先前时期遗留下来的，将会很快消失。”[①]似乎每个人都有着平步青云的机会，但在现实社会中美国真的如此吗？

“显赫的家世无疑会为作为候选人的家族成员创造某些无法比拟的优势。”[②]1975年，林南等人对美国人的求职情况进行了调查，他发现“对于第一个工作而言，个人资源（父亲职业和求职者的教育水平）对所能找到的介绍人的地位有显著影响……在所有自变量中，介绍人的地位对获得有较高声望的第一个工作有着最重要的直接影响”[③]。这些调查分析的结果与很多人心目中美国是自我奋斗的天堂，形成了理想与现实间的巨大反差。人们没有想到在美国这样所谓平民奋斗的国家里，代际传递也会如此严重。根据理查德·威尔金森对很多发达国家的研究，无论一个社会号称多么的平等公正，都难以从根本上完全排除父子两代之间发展中提携、借力，即使在公共治理体系最透明的国家，都不能完全排除父子两代人在最终收入上的正向关系，家庭背景的影响是客观存在的，这一点从上面提到的克拉克“了不起的盖茨比曲线”就能看出来。在号称民主的发达国家中，美国的代际继承系数是最高的，而系数最低的是丹麦。（详见图3-5）因此，威尔金森开玩笑地说：“一个人要想实现‘美国梦’只有到丹麦才有可能。”

---

① [美]戴维·格伦斯基：《社会分层》，王俊等译，华夏出版社2005年版，第340页。

② 刘莉莉：《美国人如何看政治“拼爹”》，《环球》2014年第13期。

③ [美]林南等：《社会资源和关系强度：职业地位获得中的结构性因素》，载李路路、孙志祥：《透视不平等——国外社会阶层理论》，社会科学文献出版社2002年版，第211页。

美国式的“拼爹”主要是体现在教育投入上的不平等。在美国，精英父母一般是经济上的优势，通过把孩子送到教育资源丰厚、收费高昂的私立贵族学校[①]，去接受更优质全面的教育，从而让自己的孩子在知识结构、价值理念等方面领先同龄人，进而通过能力本位获得更多更好的职业选择。美国普利策奖得主、《华尔街日报》记者丹尼尔·金(Daniel Golden)的著作《大学潜规则》(The Price of Admission)就揭示了美国高等教育的黑幕，即采用所谓的“世家政策”[②]进行选择性招生，向社会上层的子女倾斜，这对于穷人来说是不公平的。不过，这种基于能力拓展的“拼爹”模式，毕竟还是在文化资本上的能力差序范围内竞争，父辈资源通过教育平台间接地以文化资本的方式体现出来，这与我国一些官员直接在公职部门安排家人工作的做法是完全不同的；后者是利用公共权力直接指定了后代的位序，连能力本位这块遮羞布都不用了，直接突破社会公平的底线；像乔恩·威特(Jon Witt)所说的那样，美国的教育尽管也是不平等，但是“只要最终的结果不是由最初的地位来决定，这套体制就能被我们所接受”[③]。通过教育获取占有社会资源的优势，以此帮助子女获得成长中的区位优势，属于一种戴着面纱遮遮掩掩的间接继承，这种略显文明的文化继承还不至于引发大的民愤。“但如通过直接的修改分数、打招呼、体检作弊等方式将干部子女塞进体制，则是将原来的面纱一把撕下，使得政治精英的代际传承在很大程度上又退化为以身份为指向的直接继

---

① 在美国及其他西方发达国家，所有高收费的学校都是私立学校，在公办学校中绝对没有高收费，更不可能有贵族学校。

② “美国精英阶层的大学教育都集中于所谓的名校，例如美国东北部的常春藤联盟，西部的斯坦福、伯克利、UCLA，或者南部的杜克等等。这些精英们通常以校友的身份将孩子推荐到自己母校，这些名校也都乐于照顾其校友子女，这被称为‘世家政策’。”(李三达：《阶级秩序的再生产——兼评两种“读书无用论”》，《读书》2014年第3期)

③ [美]乔恩·威特：《社会学的邀请》，林聚任等译，北京大学出版社2008年版，第193页。

承，这对政治文明和公众情感的伤害是相当巨大的。”[①]没有掩饰，直接占为己有，这也是为什么中国版的“拼爹”会引发如此强烈的社会反应以及更遭人痛斥的原因。

中国式“拼爹”是少数有权势者的专利，他们往往借助公权来完成，更令人担忧的是他们极力选择的是让自己的下一代进入和靠近公共权力。“在控制了父亲受教育程度的情况下，干部子女成为干部的机会，是非干部子女的 2.1 倍。”[②]这说明经过 30 多年的发展，社会各个领域的资源分配都已经变得非常紧张，官员子女选择经商或成为技术精英也变得相对困难，非政治的圈子里成功的机会越来越少；同时也说明在诸种社会资源排序中，权力资源的控制作用仍在不断增强。布劳曾说：“分配有价值的财产的能力成为一种社会性定义的优越性标志。”[③]在目前市场配置很不完善的情况下，权力作为特殊的社会资源，仍然是实现对其他资源占有和配置的一种主导性资源工具。根据反腐败过程中揭露的事实来看，利用公权帮助子女在社会流动中获得优势有很多种模式，突出表现为以下几种方式：

2. 部分国家公职岗位招录存在问题，破坏社会公平底线

冯军旗在北大读社会学博士阶段，曾在中部某县[④]挂职任副乡长和县长助理两年，期间大量收集当地基层干部成长材料，最后整理完成了 25 万字的博士论文《中县干部》，他利用社会学的专业观点，力图用社会学所谓学术眼光在某种程度上还原并解读这个县乃至更广意义上的基层干部的成长状态。这篇论文以白描的手法记录了中国县乡政治的实情。

① 唐昊：《“阶层固化”的逻辑与出路》，《南风窗》2012 年第 17 期。
② 陆学艺：《当代中国社会流动》，社会科学文献出版社 2004 年版，第 203 页。
③ [美]彼得·M. 布劳：《社会生活中的交换与权力》，李国武译，商务印书馆 2008 年版，第 167 页。
④ 根据相关人提供的冯军旗官方挂职通知来看，此县实际是河南省新野县。

所以，冯军旗所选这个中县可以看成我国上千个县级官场的缩影，文中的“中县”本来也不是真实地名，冯军旗的研究只是“希望达到‘窥一斑而知全豹’的目的”[①]。他对“政治家族”的概念作了进一步的界定，即“通过血缘和姻缘构建比较紧密的家族利益集合体，当然他们更关注的是政治利益——权力的分配”[②]。通过冯军旗的梳理，隐藏在中县内的庞大“政治家族”网络非常鲜活地展现在人们的眼前，并将当下基层官场一些秘而不宣的潜规则和成长路径展示得清晰入微。

这种“活体解剖”式的研究揭示了当前县级权力的运行轨迹和规则，其中最普遍的规则就是干部子弟的“不落空”现象，这一点和李培林在2000年前后所得的结论[③]几乎完全一致。冯军旗忧心忡忡地告诉大家，现在的官位依然还有“世袭”，“凡是副处级及以上领导干部的子女，至少拥有一个副科级以上职务，正科级亦不鲜见”[④]。

用人唯亲风气最后必然形成一个特权阶级，他们选择人才的唯一标准就是看关系亲疏，直接违背社会发展赖以成功的公平竞争原则。无论是中国封建王朝的灭亡，还是前苏联、东欧社会主义国家的垮台，以及前几年席卷阿拉伯国家的“颜色革命”，几乎全都是由于世袭或变相世袭造成的。从国际共运史来看，20世纪末前苏联解体，波兰、捷克斯洛伐克、民主德国、匈牙利和罗马尼亚在动荡中更旗易帜，这些都与特权政治、用

---

① 冯军旗在挂职期间通过工作和生活关系，搜罗了中县1013名副科级及以上干部的简历，抽丝剥茧般地查找他们升迁途中的“奥秘”。“政治家族”现象正是在这样的寻找中浮出水面的。在这篇博士论文中，冯军旗用大量文字还原了中国基层干部官场晋升道路上秘而不宣的“上贡体制”与“买官卖官”现象，同时还披露该县自改革开放以来所推出的虚假政绩工程。（参见冯军旗：《一个县的官场生态》，2011年10月26日《中国青年报》）

② 根据作者调查和观察，在中县大致可以梳理出21个政治“大家族”，140个政治“小家族”。（参见冯军旗：《中县“政治家族”现象调查》，2011年9月1日《南方周末》）

③ 参见李培林、李强：《中国社会分层》，社会科学文献出版社2004年版，第57页。

④ 冯军旗：《一个县的官场生态》，2011年10月26日《中国青年报》。

人唯亲密切相连。

20 世纪 70 年代前后，苏共党内腐败蔚然成风，形成了让人民极为痛恨的特权阶层和既得利益集团，尤其是党内既得利益集团的形成，导致党内外矛盾不断激化，利益纷争代替了对原则的坚守。为了确保既得利益，防止圈外人员分享，苏共对干部的任用主要采取任命制。“特权阶层与社会民众的距离很远，他们不关心群众的疾苦，高高在上，由人民的‘公仆’变成人民的‘主人’；在人民的心目中，他们已不是自己利益的代表，而是既得利益的代表。”[①]因为没有任何监督，在干部选拔任命中，任人唯亲、裙带关系、权力寻租等不正之风难以遏制，勃列日涅夫对这些恶劣风气起到了推波助澜的作用。他的儿子是对外贸易部副部长，女婿是内务部第一副部长，一个弟弟也当上了副部长。裙带关系愈演愈烈，表明社会上层明确走向内部封闭，阶层内的成员开始自我复制的“再生产循环”，各阶层之间的垂直流动受到了人为堵塞。正因为他们的倒行逆施，完全抛弃了国家和人民的利益，最后苏共被人民遗弃了。

一位匈牙利作家把剧变前的匈牙利叫作“亲戚的国家”，隐喻其复杂的裙带关系、严重的权力家族化和由此引发的政治腐败，特权和投机充弥着整个统治集团，资源掌握在少数团体和个人手里。在东欧，将权力家族化演绎到极致的当属罗马尼亚。齐奥塞斯库为罗共第一书记，其夫人是罗共二号人物，齐氏家族有 35 人任罗政党机关任要职。权力家族化使齐奥塞斯库彻底丧失了人民，也最终葬送了自己的性命。在东欧各国政治动荡之时，对权力家族化的斥责，便成为政治反对派争取民众、讨伐政府最锐利的武器，并以反对权力家族化的旗帜，引发大规模的示威和政治上的动荡。

① 姜跃：《官僚特权与政治伤害——对苏共亡党的一点思考》，《中国党政干部论坛》2013 年 6 期。

从古到今，任何无论合法还是非法的权力世袭都不会有好的结果。在社会发展过程中，上升机会的匮乏，是真正的贫困；机会的不公平，是动态的、稳定的不公平，这意味着社会底层无法再依靠自己的打拼和努力，改善自己的生存处境了。1918 年，美国社会学家查尔斯·霍顿·库利(Charles Horton Cooley)就关注过特权帮助个人获得社会地位给社会所带来的危害，他说许多人认为“尽管我们希望机会均等，但是特权的作用还是不断上升，只有彻底的革命才能改变这种状况”[①]。这是社会学家在十月革命的大背景下对社会冲突的重新思考，认为只有彻底的革命才能根除特权腐败。

三、社会资源配置不均衡抬升民生成本

转型时期的中国背负着计划经济的沉重包袱，尤其需要注意的是我们从政府和社会的关系来看，缺少其他发达国家和发展中国家都有的市民社会。各级政府在配置土地、资金等资源方面拥有非常大的权力，这些核心社会资源全交付给行政管理部门来支配，导致产生了经济活动中过多、过繁的部门审批，市场能调节的社会资源则十分有限，在一定程度上形成了事实上的行政垄断；监督机制虚置造成权力难以制约，行政垄断没有监管最容易形成雁过拔毛、蚕食民利。

吴敬琏认为，腐败的实质就是公权寻租，而造成这一结果大致有两个原因：“其原因一方面是国家权力干预过多，造成了利用公共权力谋取私

① [美]查尔斯·霍顿·库利：《社会过程》，洪小良等译，华夏出版社 2000 年版，第 184 页。

利的条件；另一方面是市场机制发育不良，出现了大量非公正竞争行为。”[①]这实际上是“权力市场化”的结果。在现实中，行政权力依然控制并分配着大部分社会资源，在缺少真正监督的情况下，即使举世皆浊我独清、坚守底线的官员，一己之力也难以遏制权力寻租、腐败滋生势头的蔓延，因为这已经不是哪些人的道德操守问题，而是制度设计漏洞诱导的结果。正像刘铁男曾任过局长的发改委能源局腐败窝案一样，在刘铁男被捕后的其他原有的、新进的管审批的官员也几乎悉数被捕，形成“塌方式腐败”。一位贪腐官员倒下引发官场大地震，随后一个系统的官员几乎成建制地集体“沦陷”。这种前腐后继的案例，几乎达到了骇人听闻的境地。能源局涉案金额超过千万元的有 6 人，其中包括魏鹏远的 2 亿现金大案，属于真正的系统性崩塌。贪污腐败往往表现为一种政治行为，被称为“政治之癌”，不仅不能创造任何财富，反而会破坏正常的经济活动，减损社会财富，侵占和阻塞社会资源的正常配置，“在这样的一个资源和人口比例严重不匹配的矛盾之下，少数人占有更多的资源就必然导致大多数人没有资源”[②]。少数人侵占社会资源加大了社会运行的成本，也就是加重了普通百姓的生活成本，腐败对底层民众无异于不动声色的抢劫。

单从国企全民所有制的性质来说，国企的利益追求应该与全体公众利益有更高的契合性，在改善民生中要承担起主体责任，但实际却并非如此。“全国国有企业 2010 年实现利润 19870.6 亿元，同比增长37.9%”[③]，

① 吴敬琏：《反腐治本之策》，《财经》2014 年第 23 期。

② 温铁军：《中国人民的现代化》，载薛毅：《乡土中国与文化研究》，上海书店出版社 2008 年版，第 20 页。

③ 曲哲涵：《财政的钱怎么花》，2011 年 2 月 21 日《人民日报》。

但令人不解的是,“利润近 2 万亿元,给国家上缴的红利仅 440 亿元”[①]。有些企业靠占据大量社会稀缺自然资源和行政资源,采取行政垄断式经营,长期稳定地获取市场价值,但这些仅仅靠政策因素而获取的暴利,对国民的贡献可以说是微乎其微,企业利益与公众利益长期背离。按其他国家国有企业的惯例,“上市公司股东分红比例为税后可分配利润 30%到 40%之间,国有资本向国家上缴盈利普遍高于这个水平,英国盈利较好的企业上缴盈利相当于其税后利润的 70%至 80%”[②]。相较而言,中国国有企业上交的利润普遍较低。

据统计,2005 年“电力、电信、石油、金融、保险、水电气供应、烟草等垄断行业共有职工 833 万人,不到全国职工人数的 8%,而工资和工资外收入总额却占了当年全国职工工资总额的 55%”[③]。十几年过去了,垄断行业收入过高的问题一直没有解决,相反却变得更加严重。“金融行业的职工平均工资与制造业相比,在 2003 年高出 64%,在 2009 年高出 125%。”[④]尽管央企职工薪酬与私企平均工资差距呈现缩小趋势,但“2013 年央企职工平均薪酬涨幅达 9%超过了 2012 年 8.2%的涨幅”[⑤]。据近几年官方统计数据,我国电力、电信、石油、金融、保险、水电气供应、烟草、盐业等垄断行业平均工资是其他行业职工的 2～3 倍,如果再加上工资外的其他福利等,实际差距可能更惊人(参见图 3-6)。

---

① 曲哲涵:《财政的钱怎么花》,2011 年 2 月 21 日《人民日报》。

② 曲哲涵:《财政的钱怎么花》,2011 年 2 月 21 日《人民日报》。

③ 贾品荣等:《十七大前改革难点纵横谈》,2007 年 6 月 28 日《中国经济时报》。

④ 李实:《理性判断我国收入差距的变化趋势》,《探索与争鸣》2012 年第 8 期。

⑤ 小张帆、赵顺:《2013 年央企职工均薪 12 万增 9%,为私企 3.75 倍》,网易财经,2014 年 11 月 5 日,http://money.163.com/14/1105/07/AA97A33O00252G50.html。

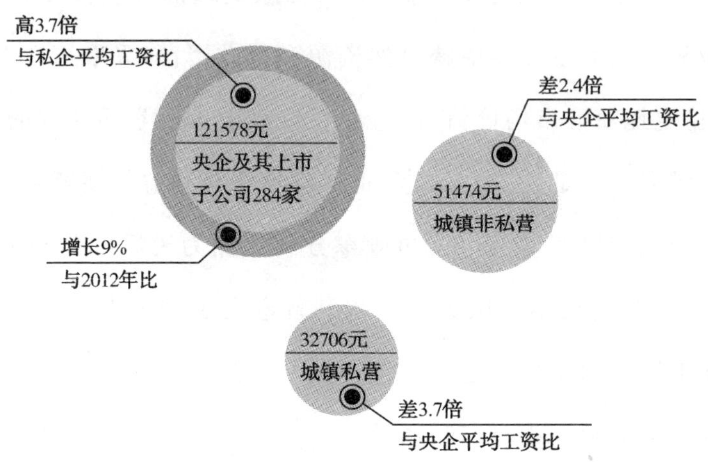

图 3-6　2013 年央企职工平均薪酬与社会薪酬比较图

我国中小微企业提供了全部就业机会的 80%，却长期陷入贷款难、融资难的困境中无力自拔，一直没有找到有效的解决途径，生存环境艰难，发展如履薄冰。据统计，“我国中小企业的平均生命周期仅有 2.5 年，与欧美企业平均生命周期 40 年差距实在太大”①。政府垄断本意是为了防止不法商人见利弃义，或提供假货，或利用市场低买高卖，给人民生活增加不必要的负担。现实却恰恰相反，部分国有企业利用其垄断地位，常把高昂的行政管理成本直接转化为民生成本，但低效率的运营，甚至管理者个人的奢侈腐败全由民众买单，这些行为直接损害了公众利益。公众所能得到的服务以及为之付出的高昂价格，影响着民众的生活质量。可以说，垄断在一定程度上导致民生成本的逐年抬升。

当然垄断并不自然产生腐败，但垄断却是最容易滋生腐败的温床。由于行业没有竞争或者竞争不充分，垄断行业可以安享超社会阶段的福

① 普华永道会计师事务所：《2011 年中国企业长期激励调研报告》，转引自《中国中小企业的平均寿命仅 2.5 年》，2012 年 11 月 19 日《第一财经日报》。

利待遇，同时还有机会利用垄断资源进行权钱交易，借助所处的垄断地位的来聚敛财富。据报道，有的国有企业领导公务消费时铺张浪费，极尽奢华，之后违规报销。原中国石化集团总经理陈同海，一天“职务消费”高达4万元。10年前国家电力公司的一位总经理开会时住6万元一天的特大套房……某些企业领导则将个人甚至家属的消费，如吃、穿、住、行、医等顺理成章地囊括进“职务消费”中。业内人士指出，当今一些央企存在高管职务消费公开透明度不够，项目杂乱、支出随意、管理失控等问题。“有一企业为职工支付住宅物业管理费用和购买经济适用房垫款达几亿元，有的企业使用虚假发票套取资金用于发放职工奖金、补贴等。”①

首先，国家的民生投入本来是保障老百姓生活的“保命钱”，但在一些地方却变成了垄断企业自肥的“唐僧肉”。2014年10月，美国金融数据机构FactSet公布了一组研究数据，并评选出全球20家最赚钱的公司，结果令人大跌眼镜，中国工商银行力压美国苹果公司高居榜首。苹果是全球知名的高科技公司，依靠其绝对领先的软、硬件技术成为美国最赚钱的公司，但这头被西方金融界视为带有传奇色彩的“现金奶牛”，仍不敌仅靠存进贷出的中国工商银行，只得屈居亚军。中国工商银行的利润基本来自存贷利差，超额利润往往以超低存款利率和高贷款利息为代价。西方银行业和中国银行业在利润构成上截然不同，中国银行业的主要利润来自于息差收入、手续费及佣金收入，占总利润的70%以上；而西方银行业这部分收入不会超过总利润的两成，80%以上的利润则来自中间业务。很显然，垄断让中国的银行业坐吃储户，竞争却逼迫西方银行在提供更多更好服务的同时增强自身造血。从中、美两国企业的利润结构就可见一

① 参见罗兰：《刹“三公消费”可激活健康内需》，2014年8月20日《人民日报(海外版)》。

斑。美国最赚钱的是科技公司,中国最赚钱的是银行和房地产。一个是拼技术创新,一个是拼资源和土地。研究发现,垄断行业许多经营模式与通货膨胀有正相关关系,“石油行业的垄断性证实,确实对通货膨胀具有明显影响,对整个国民经济出现通货膨胀的推动难辞其咎”[①]。现在人们不得不面对的是高烧不退的房价、物价,高昂的教育、医疗、打通关节的“灰色支出”,不健全的收入分配制度、缺失的社会保障体系等等,这些都是助推生活成本上升的重要因素,造成了民众生存压力越来越大,而与之密切相关的行业基本都来自于缺乏竞争的垄断行业。

有人做过这样的对比,中国人“购买一加仑汽油的花费占到一天收入的 34%,中国的加油痛苦指数排名高达全球第四”[②]。中国人用“1 千度电的费用却占去人均月收入的 28.4%,负担之高属各国之最。而次之的匈牙利的这一数字也只有 20.5%”[③],中国与美国、加拿大相比则是超过了十几倍。由于供电属于政策性垄断行业,绝对垄断养就了真正的“电老虎”。河南淇县一供电所所长和员工在娱乐场所炫耀,只是为了让别人见证他们是惹不起的“电老虎”,在没有任何通报的情况下,毫不犹豫地就拉闸停电,他们的这种行为致使淇县县城半个城区、数千用户被停电 6 小时。国家把管理电的重任交付给他们,且付给他们高额的报酬,转身他们就可以将这种权力变成要挟他人的工具,任意开价为所欲为,谁都能轻易感受到资源配置者的肆意张扬和傲慢专横,而授权者在嚣张的垄断者面前却成了毫无博弈能力的“弱势群体”。

---

① 张帆:《我国垄断行业对通货膨胀影响关系实证研究》,《经济管理》2014 年第 9 期。

② 高娓娓:《美国加油站的油价》,新浪博客,http://blog.sina.com.cn/s/blog_6175bf700102e3di.html。

③ 李正平:《中国居民用电费用占收入之比全球最高》,网易,http://news.163.com/14/0430/12/9R31NLQ800014MTN.html。

自2011年底煤价走低以来，煤价已经跌落过半。“供热使用的动力煤目前价格是每吨420元，较2008年最高点价格每吨885元下降52.5%。即使在均价方面2008年动力煤均价为每吨637元，今年到现在的动力煤均价为每吨436元，降幅达32%。”[①]目前取暖费标准是基于2008年高煤价制定的，这种明显的成本下降，并且事关大众的切身利益，为什么不能采取与市场联动的方式，把本应属于社会的福利还给大众。

更令人难以理解的是，有的垄断公司甚至还掌控着行政处罚权。比如，河南的黄先生把在郑州剩余的盐带到新郑继续用，随后被盐业管理局认定为“跨区域用盐”，将食盐全部没收并罚款200元。这件事引起人们重新思考依靠行政垄断生存行业的作用。这件事还没有结束，媒体曝出更夺眼球的新闻“跨区域用2斤盐，徐州一大排档老板被罚5000元”[②]。自1994年食盐专营以来，公众吃上了所谓的“放心碘盐”[③]，但也让盐政部门赚得钵满盆溢。在专营体系下，盐业存在着巨大的暴利空间。有资料显示，目前工业盐的出厂价不到300元/吨，但用户实际买到盐的花费大概在600元/吨，价格整整涨了一倍。而食用盐的利润则更高，目前市售400克/袋的食盐，最低售价是1.5元。而食盐出厂价折算成袋装，成本仅为0.12～0.2元/袋，账面暴利则高至7～10倍。盐务局和盐业公司都属于同一系统，所谓“分开”只不过是组织上政企分离，经济上并没有分开，盐业公司实为盐务局下属公司，形成了既“查盐”又卖盐的自管自卖格

① 《煤热联动缘何“管涨不管跌”?》，2014年10月24日《经济参考报》。

② 刘清香、范宇森:《跨区域用2斤盐，徐州一大排档老板被罚5000元》，2014年11月1日《现代快报》。

③ 目前有一些食品卫生专家对食盐普遍加碘的做法提出了质疑。到现在为止，还没有令人信服的调查研究证明全国人需要普遍使用加碘盐。食用盐全部加碘的做法没有充分的科学根据。详见谢华民:《强制全民补碘——弊大于利的错误政策》，天则所第492次双周学术论坛，http://www.unirule.org.cn/index.php?c=article&id=2860&q=1。

局，用行政垄断权排除了其他公司的竞争，任何进入的公司和个人都被视为非法经营。显然"严管"已经沦为维系暴利的工具，借此清除了一切可能的市场竞争，以致于细微到异地带2斤盐都要处罚。这种本应造福于民的政府管理，却被行政权力演化成行业垄断，加重了人民群众生活负担。因为专营，我国的食盐零售价格明显偏高，"美国、法国、澳大利亚、中国这四个国家的人均食盐消费额与人均国民收入之比分别为0.06、0.04、0.04、0.12，横向比较，中国人吃盐的成本，已然像烧油成本一样位居全球前列"①。

不消除垄断的"绝对权力"，不引入市场机制就无法把暴利降为社会平均利润。盐业专卖是借政府之手规避市场、盘剥民生的典型案例，直接将本可由市场配置的资源授予特定部门，结果这种权力就成为这些部门维系既得利益的"尚方宝剑"，他们不仅不会自觉承担起社会责任造福百姓，而反过来把权力演绎到无所不用其极的地步，出现禁止"跨区域用盐"的霸王条款。

其次，部门权力利益化导致行政收费过多、过乱。由于地方财政缺口较大，难以遏制利用行政权力收费的现象，"行政收费项目越来越多，收费金额越来越大，以行政执法名义收费的单位越来越多，导致企业和个人负担越来越重。2005年全国行政事业性收费总额为4000多亿元，2011年达到7911亿元，2012年有所降低，也达到5857亿元"②。乱收费、乱罚款已经严重干扰了市场秩序，加重了企业和群众的负担。据国际货币基金组织研究统计，"世界物流成本平均约占全球GDP的12%左右，其中，美

① 《食盐专卖2500年何时终结?》，2014年4月24日《信息时报》。

② 刘铮、江国成等:《行政事业性收费，降低和取消的空间有多大?》，新华网，2013年8月15日，http://news.xinhuanet.com/fortune/2013—08/15/c_116961236_3.htm。

国、日本物流成本占GDP的比例分别为9.9%、11.4%，而中国物流成本则占到整个GDP的20%以上”[①]。到底是什么原因造成这么高的物流成本？我国物流运输中80%是公路运输，路桥费和路上的罚款就占到了整个运输成本的35%。有的公司仅罚款就占利润的一半。[②]

2011年，河南发生了一起“天价过路费”案件。河南省禹州市农民时建锋使用假军车牌以及假士兵证、假驾驶证、假行驶证等证件，通过郑石高速公路用两辆自卸货车运送沙石。从2008年5月4日至2009年1月1日，他利用军车免费政策，累计骗免通行费368万多元。法院以诈骗罪判处时建锋无期徒刑，剥夺政治权利终身，并处罚金200万元。判决后有人发现：时建锋的两辆车一天也不停运，平均每天要缴近8000元的过路费。如此高的过路费立即引起众多媒体的后续报道和关注。[③] 无论收费、罚款有多高，“收费经济”“罚款经济”所造成的成本必然会转嫁到普通大众身上。

乱罚款、乱收费的后果已经显现出来了，一些蔬菜在田间地头的收购价只有五六分钱，到了城镇菜市场和超市的价格蹿升到两块多钱，价格竟然翻了二三十倍，即出现了商品生产环节的成本远远低于从产地到市场的中间流通环节的“怪事”。如“1千克货物从上海运到纽约只需1.5元，而从上海运到贵州却需要6～8元”[④]。这多出的费用都是行政收费和各种名目的罚款。据媒体报道，澳大利亚、印尼等东南亚国家的煤炭虽远隔

---

① 谢泗薪、吴瑾旻：《物流企业战略成本管理的路径与策略》，《空运商务》2007年17期。

② 央视“经济半小时”2011年5月14日报道：朱凤鹏在云南玉溪经营着一个有140辆车的物流公司，他算了算一年的罚单，总计有300万元，平均每辆车的罚款是3万，占公司一年利润的一半。

③ 2011年12月16日，法院再审后以诈骗罪判处被告人时建锋其有期徒刑两年六个月，并处罚金1万元。

④ 《2011年度全球生活成本报告：北京超纽约排20名》，网易探索，2011年7月15日，http://discovery.163.com/11/0715/09/790C9523000125LI.html。

千里万里，跨洋过海长途跋涉运抵中国港口，但到岸价仍低于内蒙古、山西、陕西的煤运到东南沿海的价格。2013 年国内煤价持续上涨，尤其是临近取暖季节，“12 月中旬环渤海动力煤价格指数突破 630 元/吨的关口，而当时进口煤的到港价在 530 元/吨。内外价差高达 100 元/吨”[①]。也就是说，煤炭从澳大利亚运到中国的成本，比从内蒙古运到江浙的成本还要低很多。实际上，国产煤炭的出矿价是低于进口煤炭出矿价的，但在长途运输中，由于各地公路上的乱罚款、乱收费直接抬升了煤炭成本，使煤炭到地价不断攀升。

乱收费和乱罚款已经占生活成本很大的比例，税收政策和高昂的物流成本成为改善民生的一大障碍。这些乱收费、乱罚款必然会摊入人民群众的生活成本之中，进而抬升国内物价。行政垄断只是价值分配而非价值创造，却徒徒增加了社会成本。民众生活成本点滴的增加都意味着民生之难，民力之艰，每一项收费、罚款有都可能成为“压死骆驼的最后一根稻草”。

四、社会保障需要体现公平性，民生改善呼唤制度支撑

社会保障制度“是实现社会资源再分配的一个工具，它的基本目标之一，是要将国民收入初次分配所产生的不平等程度，调整到一个大家都相对认可的水平”[②]，有明显的均贫富、保公平、强弱者的价值理念诉求。我们在调查中发现，被调者基本会将社会保障的平等作为判断社会公平的

① 《内外价格倒挂，1 月份煤炭进口量创新高》，2014 年 2 月 16 日《期货日报》。

② 卢汉龙：《创新社会管理体制》，上海社科院出版社 2008 年版，第 340 页。

一项最重要的指标。“社会公平需要通过社会保障制度的建立和实施来维护,而社会保障也能够从多方面维护社会公平。”[①]合理的社会保障是配置、稀释社会资源最公平、最有效的通道。

一种制度是否可持续,是否可以吸引人才,是以它能为人民带来的福利的多少为标准的。斯蒂格利茨认为:“发展是整个社会的转型,要能够改善穷人的生活,使得人人都有机会获得成功,并且能够享受良好的医疗和教育。”[②]所以,执政的合法性不是来源于执政集团和社会强势阶层的自我认可,而是来自于金字塔底部的弱势群体和社会中间阶层的认同,否则一个国家财政收入的大半用于社会保障事业的动力何来?他们执政的合法性与一般民众利益诉求通过制度化规范联系在一起,即便是弱势群体通过民主参与,也获得了与其他社会群体、利益集团博弈的资格,弱势群体不妥协的议价能力促成了公平正义的实现,使社会管理者在配置社会资源时必须依据公平公正的基本原则。

西方国家政府为了增强自身的合法性与加强对社会的控制,经常把为全体公民提供社会保障作为凝聚人心、争取选票的口号。在实际中,这些社会管理者并不简单地把社会保障看成不可回避的刚性支出,或者是国家甩不掉的财政“包袱”,更不认为是对穷人的施舍。社会保障起步比较早的英国、德国等早已把社会保障作为生产性要素,甚至作为保护个人生产力和尊严所必不可少的制度性支持,视之为保持经济稳定的战略投资。也许西方统治者对康德关于“人是目的”的论述有更

---

① 郑功成:《社会保障学》,商务印书馆 2000 年版,第 192 页。

② [美]约瑟夫·E.斯蒂格利茨:《全球化及其不满》,夏业良译,中国机械工业出版社 2004 年版,第 210～211 页。

新的理解，因为人民的需求“还会反作用于政权原则，使之发现按照人的尊严—人并不仅仅是机器而已——去看待人，也是有利于政权本身的”[①]。这些国家在实行社会保障的过程中获得了实实在在的好处，既增加了社会凝聚力使社会保持稳定，又借机在全球招揽人才，成为他们“制度红利”的主体内容；同时也刺激了消费，获得经济效益和社会效益的双重收益。良好的制度是国家的软实力，更是硬实力，是一个国家核心竞争力的关键，一些世界大国往往暗自发力，把国民福利当成国与国之间一竞高下的制度资产。即使在目前全球金融市场动荡难平、经济形势不明朗的情况下，西方国家政府一边诉说社会保障使财政不堪重负，但是对社会保障制度的维护从来没有动摇过。2011 年，美国遭遇金融危机后，时任美国总统奥巴马力推 4.4 万亿美元减赤方案，其中涉及对社会福利项目削减费用。奥巴马为此进行了专门说明，“虽然将改革社会保障体系，但不会抛弃根本的基础制度”[②]。

提高社会保障水平，不仅仅是惠及民生福祉，也可以提振社会的整体消费能力，是一种放眼未来、调适社会宏观利益平衡的革命性投入。在我国外贸因遭遇全球性贸易壁垒而乏力、贫富差距造成的发展机会日益退减的困境下，各级政府应改变目前社会资源过度堆积，实质性增加国民收入，给民生改善以制度化的保证。同时从长远来看，这也是营造经济长期稳定增长所必需的制度依托。完善社会保障制度承载了极为复杂的内涵，而其均衡社会资源再分配功能尤为显著。

2006 年，我国决定在全国范围内建立最低生活保障制度，这标志

① [德]康德：《历史理性批判文集》，何兆武译，商务印书馆 1991 年版，第 30～31 页。

② 《奥巴马提出减赤征税方案》，2011 年 9 月 21 日《光明日报》。

我国社会保障在制度层面迈出了关键的一步。社会保障最低目标就是首先解决所有公民的基本生存问题。2013年，中国城市化率突破50%，人口结构将会发生重大变化，此后每年还会有超过1000万农村人口转移到城市中，这些农民工要面对和城市居民一样的物价、医疗、教育等方面的高额支出。而现在农民工的工资普遍偏低，他们大部分人的收入承受不了急剧上升的生活开支，这些弱势群体在客观上对国家的社会保障、社会救助等制度有更高的期待和依赖。从2011年、2012年全国“两会”热点问题调查来看，社会保障一直是人们首先关注的社会问题，连续两年排在20个社会热点问题的第一位（详见图3-7、图3-8）。发达国家的经验已经证明，社会保障才是一国国民生活平稳最可靠的制度保障。如果社会保障制度缺失，除了社会上层，社会中、下层随时会因遭遇人生变故沦落为穷人。

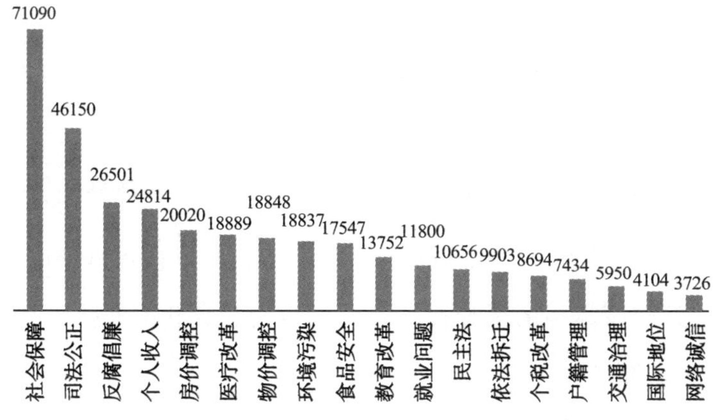

图3-7　2011年全国“两会”热点问题调查①

① 马林:《从关键词看五年来网友关注两会热点的流变》，人民网，2012年3月2日，http://yuqing.people.com.cn/GB/17276688.html。

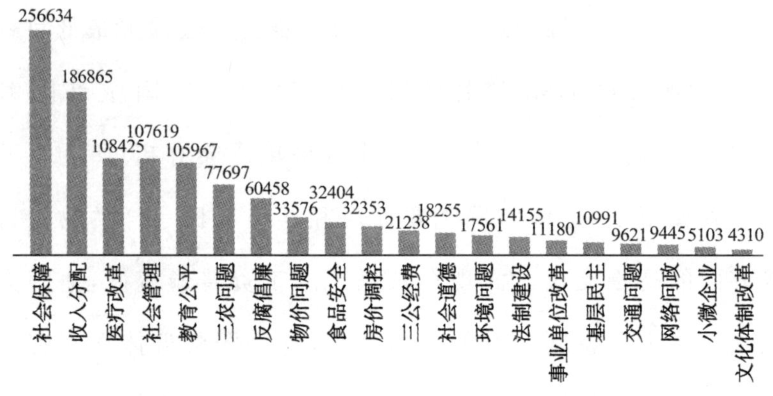

图 3-8　2012 年全国“两会”热点问题调查①

近年来，随着新农保制度和城镇居民养老保险制度的正式实施，人人享有社会保障的理念有了制度化的保障，社会保障制度正经历重大的改革与制度转型，战略定位正从初级的生存型救助向高层面的发展型福利目标转变，从生存公平逐步向发展公平过渡，社会保障发展理念从照顾弱者转向普惠全体国民。社会改革的目标是促进经济发展、社会建设和政治制度的发展，通过社会资源的再分配体系有效缩小居民间的收入差距，维护社会的公平与公正，为人民群众带来普遍的生活安全感与稳定的安全预期，使他们摆脱生存恐慌，从而保障社会再生产和社会稳定。

我国社会保障体系经过长时间的发展已经形成覆盖城乡的基本框架结构，但与其应该承担的稀释社会资源的重担相比仍有很大差距，由于制度设计带有深深的历史痕迹，本身就存在城乡差距大、管理体制不顺、立法滞后、覆盖范围不全、保障标准偏低等问题，明显阻碍了社会保障事业的发展，影响了社会保障基本功能的发挥。

① 马林：《从关键词看五年来网友关注两会热点的流变》，人民网，2012 年 3 月 2 日，http://yuqing.people.com.cn/GB/17276688.html。

1. 社会保障战略目标不清导致社会资源配给低效

目前我国社会保障目标定位既缺乏统筹考虑、顶层设计，又缺乏战略规划与准确的政策选择，也没有意识到社会保障主要通过社会福利共享来承担，“即为所有公民普遍提供、旨在保证一定生活水平和尽可能提高生活质量的设施、津贴和服务的制度体系，既有物质帮助也有精神慰藉”①。我国社会保障的发展理念和战略定位必须从补缺型进展到普惠型，从生存型应急救助进展到具有一定质量的发展型扶助。这种普惠是低度普惠和一定程度的中度普惠结合的复合体，民生基本需求将成为我国社会福利制度目标定位最基本的起点，即满足社会成员生存需要、发展需求，使社会资源能够有效、快捷地抵达社会每个阶层、群体和个体。

2. 城乡二元格局导致社会福利制度的不平等

城乡二元社会结构的痕迹在社会保障制度建设中体现得最为明显。社保政策设计理念非常清晰地把城乡社会保障放在完全不同的两条线上，这种城乡分治有违公平、普惠精神的设计理念，将社会福利待遇与个人户籍挂钩，城市社会保障制度在保障项目、覆盖率及保障给付水平等方面均大大高于农村。

在我国城市化的大背景下，劳动力流动已经成为普遍现象，上亿农民都在城市打工，有的还已经定居在城市，这种城乡分离的政策设计无疑加剧了社会保障的不公平。虽然目前我国在全国范围内取消了农村和城市户口，但是历史在农民身份上打下的烙印成了现实中一道无法突破的障碍。社会保障本是普惠全民，只有不分城乡、不分阶层、不分等级，才能真

① 朱耀垠：《中国老年福利政策：从社会救济型向适度普惠型》，《第三届全国社会福利理论与政策研讨会论文集》，2008 年。

正体现其社会公平的价值诉求。通过对山东省城乡基本养老保险的情况调查来看，“2010 年企业离退休人员月人均养老金 1575.3 元。而按照 2009 年底开始试点的新型农村养老保险办法计算，目前 60 岁的农村老人可以享受 55 元/月的基础养老金，则城市企业离退休人员月人均养老金是农村老人的 28.6 倍”①。最低生活保障城镇居民给付是农村居民给付的 2～3 倍。山东的情况并不是个例，2012 年我国城镇基本养老保险和新农保的参保率呈上升趋势，“城镇职工人均养老金水平已达 2.09 万元，新农保为 859.15 元，两者养老金水平相差 24 倍之多”②。“到 2013 年底，新农保、城居保覆盖人数达到 4.98 亿人，其中按月领取养老金的城乡老年居民 1.38 亿，这些老人的月人均养老金仅为 81 元，全年不到 1000 元”③，同期“企业退休职工月人均养老金约 2000 元；农村低保每人每年 2200 多元；扶贫标准为人均纯收入 2300 元”④。从上述材料不难发现，农民不足城镇职工养老金的 1/10，因为钱太少，根本无法承担起养老之费。农民通过新农合系统的大病住院报销仅相当于城镇职工医疗保险大病住院报销的 25%。在医疗市场化的今天，城市居民和农村居民得了大病以后需要负担的医疗费用基本是相等的，而且由于优质医疗资源多积聚于大城市⑤，从实际花费来看，农民的开支实际上更大。过低的医疗保障条件对农民来讲显然不公平，这种令人心酸的社会不平等，每天都在各地大医院中上演，来自农村患者面对高额医疗费的无助、无奈甚至是绝望的神情，时刻叩问着社会的良心。

---

① 从颖超：《现行社会保障制度与经济社会发展的适应性评析》，《理论学刊》2012 年第 9 期。

② 石述思：《最可怕的城乡差距在哪里？》，2014 年 1 月 26 日《工人日报》。

③ 白天亮：《居民养老金，何时能涨涨？》，2014 年 3 月 14 日《人民日报》。

④ 白天亮：《居民养老金，何时能涨涨？》，2014 年 3 月 14 日《人民日报》。

⑤ 参见《北京成“全国看病中心”：日均 70 万外地患者赴京》，《瞭望》2014 年第 20 期。

3. 社会保障的整体统筹层次低

提高社会保障统筹层次可以增强抵御风险的能力，有利于各类基金安全和老百姓待遇水平的提高。统筹层次过低问题是我国社会保障制度中明显的缺陷，并由此引发了一系列的问题。首先，县级各自封闭的管理模式首先难以发挥地区间社会保险的互助互济功能，极易形成社会保障的“碎片化”问题，造成对地区经济发展影响的结果不公平。由于各地政府间财力的差别，导致一些地区社会保障压力较大而财力相对不足，而一些财力充裕的地区反而社会保障压力相对较小。其次，在非传统就业人员大量增加的情况下，社会保险关系区际转移面临不少障碍。比如山东省是劳动力输出大省，每年有900万外出就业务工人员。据统计，外出就业务工人员中的80%以上离开本县(市、区)，60%以上外出超过一年，职业、地区的流动性强。由于各个地区和制度之间的衔接不通畅，养老保险关系转移接续在省内转移都非常困难，与我们目前加速劳动力资源自由流动的要求完全相悖。社保关系转移困难，不仅损害了参保者的个人权益，动摇了参保群众对社会保障的信心，同时对社会保障资金的征缴和发放都形成很大的负面影响。目前社保关系异地转移接续的难题，主要是统筹层次过低。在各相关部门调研中，课题组和许多专家讨论这个问题时，管理部门都非常肯定地说，“现在实现省级统筹甚至实现全国统筹，在技术上都不是难题”。但在实际过程中，并未得以有效推动。

4. 弱势群体的社会保障依然是制度的短板

从理论上而言，弱势群体是社会保障首要的关注对象；但从实际情况来看，恰恰是弱势群体的社会保障政策支持力度不足，主要表现在以下几个方面：一是集体企业的养老问题。我国启动未参加养老保险集体企业退休人员按低保标准发放生活费工作以来，一部分人要求参加养老保险，另一部分已领取生活费的人员认为标准低，同时不符合按低保标准发放生活费的县区以下集体企业退休人员又要求发放生活费，但由于政策限制、资金筹集等因素，无法满足以上这部分人的要求，导致这一问题长期无法得到妥善解决。二是部分困难企业的职工和困难居民的医疗保障问题没有解决。一部分困难企业根本无力缴费，这部分企业的职工因为资金没有到位，陷入应保而未保的困境；部分城镇困难居民，尤其是低保边缘人群无力承担个人缴费部分，致使其无法参保。三是高风险行业，如建筑、采矿等以及高危服务业的农民工保障问题较多。按规定，这部分人员被纳入工伤保险的保障范围，但这部分人员一般都是农民工、季节工，流动性比较大，企业及相关部门参保的积极性不高，使得很多从事危险行业的人反而很少能参加工伤保险。

5. 社会保障体系内部政策各自独立，缺少衔接

社会保障制度建设不够完善，制度衔接不够充分。我国社会保障的保障过度与保障不足同时并存，社会保障的社会分化达到了相当严重的状况。机关事业单位与企业退休人员社会保障实行双轨制，退休后待遇差距较大，已引发了一系列的社会矛盾。如医保作为一种基本的社会保障措施，在运行中出现了很多问题，目前人们害怕生病、不敢看病与之密切相关。现在的医疗改革远远不能满足城乡居民的实际需求，也滞后于经济发展的需求。经过 40 年的改革开放，国家积累了巨额的资金，完全有条件加大在医疗、教育、就业方面的社会保障投入，只有提高公共服务能力、降低公民个人承担的费用，才能真正让社会资源均衡地造福所有百姓。

五、教育资源分配不公，中下层失去向上流动的希望

现代社会中文化资本可以恒久地帮助个人在社会流动中获得较好的社会地位，富人与穷人之所以没有“天注定”，关键是只要拥有才智这笔人生财富，穷人的命运就可以逆转。反过来，教育的缺失则意味着贫困的世代传承。根据“基因表达”理论，每个人都有特定的优势基因，唯其获得表达的机会，才有可能成才。而教育是成就才华基因的独立通道，如果无法进入这个通道，纵使天赋绝伦，随着年龄增长也只能带着这沉睡的天赋基因落得个“泯然众人矣”。所以，获得教育资源是中下阶层放大自己才华、以此向上流动的唯一可依赖的路径。国外很多学者把高等教育视为“精英群体产生于非精英群体”这个“精英循环”过程中最重要的环节。[①] 20世纪40年代，贺拉斯·曼恩(Horace Mann)和罗伯特·沃勒(Robert James Waller)提出，“教育是社会平衡的工具和社会地位指标”[②]。美国社会学家克里斯托弗·詹克斯(Chstopher Jencks)也曾说，“受教育程度越高，职业地位就越高，收入也就越多”[③]。各国政府都努力把向各阶层均衡地提供教育资源作为缓和社会矛盾、增加社会共识的制度性工具，以教育公平作为构建整个社会公平公正的基础。国内学者也提出，“教育已经被当代社会中的大多数人看成是改善他们自己的经济地位和获得地

---

① 参见陈光金：《从精英循环到精英复制——中国私营企业主阶层形成的主体机制的演变》，《学习与探索》2007年第2期。

② [美]巴兰坦：《教育社会学——一种系统分析法》，朱志勇译，江苏教育出版社2005年版，第51页。

③ [美]波普诺：《社会学》，李强译，中国人民大学出版社2007年版，第484页。

位、声望的一种工具”[①]。接受高等教育可以帮助人们提高社会流动能力，对获得更高的社会地位有正向作用如20世纪七八十年代，在恢复高考初期的一段时间内，上大学对个人社会地位有了根本性的改变。

教育作为实现社会阶层生产和再生产的主要机制，他一直是社会流动研究中关注的重点。布尔迪约对于高等教育在社会阶层结构复制中的作用机制曾进行长时间的探讨，一直质疑教育在社会流动中的积极作用，并不认可教育会改善社会公平状况。他认为，学校教育只不过是社会阶层再生产的重要中介，教育实质是社会阶层地位代际传递机制实现的一个环节。“教育通过掩饰以技术选择为外衣的社会选择，通过利用把社会等级变为学校等级从而使社会等级的再生产合法化，为某些等级提供了这种服务”[②]。国内关于教育与社会阶层之间的研究主要有两种路径：一是研究社会制度、家庭背景对教育获得的影响；二是是研究教育对职业地位、社会分层的影响。相关研究表明：一方面，教育在社会分层过程中作为自致性因素推动社会流动和社会阶层生产；另一方面，又作为先赋性因素的中介变量发挥间接效应。目前，我国一个家庭培养子女到大学毕业大约需要14万元，而大学学费还在不断上涨，高等教育的效率与公平问题已经成为当前社会中争议最大的问题之一。教育投入成为普通百姓的奢侈消费，同时教育资源获得和转换越来越受到社会资本的影响，免费教育、教育公平距离平民百姓越来越远。一些社会冲突论者认为，教育是阶层再生产的工具，是社会上层进行“文化屏障”以区别于其他阶层的技术手段，本应成为弥合社会流动鸿沟的教育资源，可能会被演化为助推社会

① 李斌主编：《社会学》，武汉大学出版社2009年版，第284页。

② ［法］P. 布尔迪约、［法］J.-C. 帕斯隆：《再生产——一种教育系统理论的要点》，邢克超译，商务印书馆2002年版，第165页。

分化的因素，帮助固化、放大城乡差距、贫富差距。李路路曾分析：“无论在改革前，还是改革后，中国城市社会阶层的继承性或复制能力远强于他们的流动性。”[①]而弱势群体难以公平获得教育资源是一个重要因素，十几年过去了，这种状况并没出现转机。

阶层之间差距折射为教育上的差距，是长期存在的问题，只不过在最近几年过于突出才被人们关注而已。2003 年，刘精明在他的博士学位论文中研究过“阶层背景对重点初中和非重点初中的升学都存在比较而显著的作用，其中在竞争重点初中机会时，阶层之间的相对差异更为明确和显著”[②]。十几年过去了，2014 年李春玲在对我国目前教育不平等问题研究后，也看到了初始教育资源对最终教育不平等结果形成的作用，“过去几十年，中国教育机会城乡不平等主要并非存在于考大学这一阶段，而是存在于初等教育和中等教育阶段”[③]。由于农村地区的教育条件（如师资水平、教育设施和教学设备等）太差，“这些学生成了小学和中学升学考试的失败者，在升学竞争中被淘汰出局，从而最终失去了上大学的机会”[④]。

上大学本身对于个人职业起步、社会地位的确立有着明确的指导意义。2010 年，美联储主席伯南克在“60 分钟”节目上表示，要警惕收入差距扩大导致美国社会两极分化。“这种趋势很糟，会导致社会两极分化。我认为这很大程度上根源于教育。”他比较了不同教育程度的人所对应的失业率：“大学毕业生，失业率是 5%。高中毕业生，失业率是 10%，甚至更高。差别非常明显。收入差距扩大，也会导致社会不公平，社会缺乏凝聚力，这是我们最不愿意看到的事情”。收入差距过大会使正常的社会流

① 李路路：《制度转型与分层结构的变迁》，《中国社会科学》2002 年第 6 期。
② 刘精明：《国家、阶层群体与教育》，中国人民大学博士学位论文，2003 年。
③ 李春玲：《教育不平等的年代变化趋势（1940～2010）》，《社会学研究》2014 年第 2 期。
④ 李春玲：《教育不平等的年代变化趋势（1940～2010）》，《社会学研究》2014 年第 2 期。

动受阻，社会结构固化，最终导致社会分化。

美国一直被当作社会流动与社会稳定良性互动的典范，美国在建国之初和整个经济扩张时期，良性的社会流动幅度很大，这也是美国后来居上，迅速在经济、政治上超越欧洲列强的主要原因。美国良好的社会流动性以及为国民提供的上升机会，是世界上大部分国家所无法比拟的，这些现象被称为“阿尔杰童话”[①]效应，也是“美国梦”生成的社会基础。但是，随着经济高速发展，美国社会中贫富分化不断扩大，现在美国已经是发达国家中贫富差距最大的国家之一。[②] 由于财富继承成为积累财富的主要方式，社会结构出现了僵化的趋势，并开始形成一些相对封闭性的经济、政治、文化特权阶层。理查德·谢弗(Richard T. Schaefer)对美国社会流动现状分析后认为：在美国，社会流动中先赋性因素作用在不断上升，“先赋地位如种族，明显影响了个人的财富与地位”。而社会学家理查德·詹金思(Richard Jenkins)研究指出：“残障的先赋地位是如何将个人在美国劳动市场边缘化的。”[③]人们感到到美国社会流动性充裕的时代已经过去，相反由于收入不平等和社会流动性缓慢等问题一直未见好转，美国社会流动性甚至不如一些欧洲国家，社会流动性不畅带来的机会不均等问题却在上升。正因为这样，所谓的“美国梦”慢慢变成了只能幻想的黄粱美梦。“造成美国这种社会流动相对迟缓甚至固化的现象的原因之一，大家比较认同的是美国高等教育制度的逐渐贵族化。”[④]复杂且带有选择性

① 阿尔杰是19世纪末的美国儿童文学作家，他写了许多有关赤贫变巨富的个人奋斗童话，这些童话是许多当时逃离欧洲等级森严社会的贫穷移民在美国成功致富的真实故事的写照。

② 美国第二，新加坡第一。

③ [美]理查德·谢弗：《社会学与生活》，刘鹤群、房智慧译，世界图书出版公司2013年版，第245页。

④ 郭强、王芳、王芝眉：《社会转型路障：从交通拥堵到社会拥堵》，《武汉科技大学学报(社会科学版)》2012年5期。

的招生制度，加上不断涨价的大学学费，使美国的优质高等教育资源离底层民众渐行渐远。

我国的教育资源与人口大国相比本来就明显不足，这并不是问题的全部，更大的问题是各阶层在获取教育资源上的不公平，甚至呈现两极分化趋势。对比各个时期的标准化系数，从中华人民共和国成立到“文化大革命”前这一时期父亲职业地位对下一代的教育影响最大，而后几个时期也没有大的变化，到 1992 年后父亲的影响更弱了，系数仅为 0.05。因为在 1949～1965 年期间，干部阶层、军人一直享有较大的政策照顾，高校大学生的来源不仅有高中生，还有相当一部分来自军人和干部队伍的“调干生”，干部子女凭借父母地位更容易进入高校。“文化大革命”开始后相当一部分干部受到了冲击，他们对子女教育的庇护作用也就失效了。1977 年，我国恢复了中断多年的高考制度，大学教育正规化提高了进入大学的门槛，学生必须通过高考才能进入大学，这在很大程度上限制了父母利用职权为子女在教育上谋利，增强了后致性因素在个人成长中的作用。我们发现，被调查者的教育程度除“文化大革命”时期（1966～1976 年）高度政治化的特殊阶段不显著外，其他如中华人民共和国成立初期（1949～1965 年）、改革初期（1978～1991 年）、最近（1992～2013 年）三个时期均为显著变量。改革初期，尽管在接受教育的条件和录取政策上也存在各种不平等因素，但由于各级教育，甚至包括高等教育都是基本不收费的，社会各阶层接受教育的机会相对比较平等。据调查，在 20 世纪 80 年代高等院校来自农村的生源占到了 30％以上。

20 世纪 90 年代，情况发生了很大变化：1999 年高校扩招后大学生数量一再增加，原来的精英教育转向了大众教育，很多专业的毕业生数量远远超出就业市场的需求，大学生就业成了很严重的社会问题。同时，随着信息社会的发展，文化资本的内涵越来越宽泛，获得文化资本所需要的经济成本越来越高，继承性越来越明显，而同时教育对职业获得影响力正在逐渐降低，文化资本向经济资本、社会资本的转化率逐年降低。“高等教育逐渐由‘社会流动的良币转变成今天‘求职的入场券’，文凭推动社会流动的边际效应逐渐降低。”[①]教育资源不平衡实际源于政府投入、布局上的不平衡，我国教育资源有两个突出的矛盾：一是总体投入偏低；二是教育资源分配明显不合理，主要体现在地区之间、阶层之间。在经济发展的同时，国家投入教育的经费有了很大的增长，但相对于人民群众教育发展的实际需求，尤其是基础教育的需求，我国的教育投入仍然不足，主要表现在两个方面：一是教育经费占整个GDP的比例不断增长，但人均仍然偏低。“去年国家财政性教育经费为24488.22亿元，占国内生产总值比例为4.30%”[②]，但仍低于联合国建议的6%的标准。从贾雷德·戴蒙德(Jared Diamond)掌握的数据来看，“中国的人口总数占全世界人口总数的20%，但教育经费只是世界的教育经费的1%，子女的高等教育费用对大多数家庭而言都非同小可，一年的大学学费大约是一个城市工人或是三个农民一年的收入”[③]。根据课题组的调查数据来看，戴蒙德的说法还是很客观的。我们的教育经费仅能满足教育发展的基本需求。二是从地区来看，教育资源严重堆积在大、中城市，这是造成教育资源严重失衡的客观原因，受人诟病的教育不公平主要就是教育资源的分布不公平。如北京一所高中每年都有近200名学生考入北大、清华，几乎相当于山东、

---

① 吴晓林：《阶层复制”还是“精英循环”——高等教育促进社会流动的再分析》，《国家教育行政学院学报》2012年第3期。

② 韩秉志：《去年财政性教育经费为24488.22亿 占GDP比例4.3%》，2014年11月11日《经济日报》。

③ [美]贾雷德·戴蒙德：《崩溃：社会如何选择成败兴亡》，叶臻、江滢译，上海译文出版社2011年版，第388～389页。

安徽、河南等人口大省、考生大省录取量的总和，这种不同地域数量上的巨大差异已经无法用智力禀赋差异去解释了。倾斜性的政策和投入带来了教育资源分布上的两极分化。有许多高中应届毕业生自愿放弃高考，而这些自愿放弃高考的高中应届毕业生大多来自农村家庭或城镇贫困家庭，从中我们不难发现教育帮助社会中下层向上流动的助推功能大为减退。

通过对重点高校学生，如“211”高等院校学生比例进行统计发现，父亲是中高级干部和基层干部的为52.27%，超过一半。干部子女在“211”大学、省级重点中学、城镇户口的比例均高于平均值，并且中高级干部的夫妻收入是总样本平均收入的2.09倍，基层干部夫妻收入是总样本平均收入的1.29倍。父亲是干部的学生的高考成绩（即学习能力）没有显著差异，但在家庭收入、重点中学入学机会、高考加分等变量中，比例均显著高于总体样本的平均水平，干部子女占北京大学学生比例近四成（39.76%）。2012年3月上旬全国人民代表大会和政治协商会议期间，关于教育机会和教育资源分配不平等问题成为提案的焦点，也成了媒体热议的话题。媒体对于教育不公平问题的强烈的关注，是基于社会公众对于教育机会不平等现象强烈的感知和不满。

最近十几年来，民众对于社会不公平问题的关注已经从结果不平等、起点不公平逐步扩展到像教育、就业上的机会不平等，而教育机会不平等被认为是导致后续一系列不平等的根源。“教育资源的非均等配置是城乡收入差距日益扩大的重要原因”，教育资源配置的不平等导致了“就业的不平等、收入的不平等、生活的不平等、下一代的不平等”，正因为诸多不平等因素累加,“形成了社会阶层的固定化、凝固化,形成了职业的世袭化”。[①]那么这种机会不平等是如何形成的?2014年1月,信阳市一所幼儿园收到了一封盖有信阳市财政局公章的介绍信,信中让幼儿园对财政局的孩子“给予适当照顾”[②]。掌控国家财政资源的财政局,用公函方式“指示照顾”,字里行间显示了当时单位特权的傲慢,实际上是在用自己能够配置社会资源的特殊身份和地位,谋求小单位的特权。这种没有底线思维的做法深深刺痛了社会的良知。公众选来分配社会资源的部门,带着一种不容分说的架势要求自己的特权,而特权正是造成社会不平等的深层原因。现在流行这样一种说法:找工作是“拼爹”,上学是拼家庭资源、社会关系。普遍流行的“择校”之风更加速了这一趋势的形成,而近两年越炒越热的高校自主招生政策,也让人担心最终是否也会演绎成“拼资源”的结局。

15岁的李娜(化名)是济南市的一名初三学生,课题组调查人员在做入户调查时,看到她正为考进心目中的高中拼搏,她每天学习到深夜11点多才能睡觉。李娜对济南市5所高中——实验高中、山师附中、济南外国语、济南一中和历城二中的情况和各自优势一清二楚,但她忧心忡忡地说考每一所都面临着激烈的竞争。李娜说,她父母挣钱不多,没有能力出“择校费”,只能靠自己努力,如果考不好去一般的高中,恐怕这辈子只能去读职业学院了。

现行的高考制度存在很多的问题,被人诟病最多的是一考定终身、严进宽出的制度设计。尽管如此,我们也不得不承认高考仍是目前最公平的人才甄选方式。对绝大多数社会底层的孩子来说,高考是人生中第一

① 厉以宁:《教育资源分配不公将致农民工世袭化》,2012年3月12日《南方都市报》。

② 新华网:《河南信阳一官员开带公章介绍信,要求幼儿园照顾孩子》,http://news.xinhuanet.com/legal/2014—01/16/c_126011588.htm,2014年1月16日。

次有机会可以凭借自己的能力来超过别人。从社会流动角度来说，高考是寒门子弟有机会向上流动的起点，通过高考他们有机会从社会中下层往上挪动一点，让个人才华基因赋予“贫二代”平地起飞的超能力。也许正因为如此，才有了每年千军万马争过独木桥的激昂和焦灼。

教育界也存在一些腐败现象。如高考这样一个公信度最高的平台，也赤裸裸地出现“点招”政策。所谓“点招”，就是选择性招生政策，高校招录在正常录取以外的学生名额。那么，“点招”资格如何获得呢？《扬子晚报》报道的一则案例很好地解释了这个问题。原如皋市委常委、如城镇党委书记黄建龙的儿子高考成绩没有达到南京一所名校的录取线，想走“点招”的途径上这所名校，于是找到企业老板吴某，让他设法搞到一个特殊的“点招”名额，实际上就是花钱买个上学的名额。吴某掏了 100 万给这所大学作为捐资助学费，拿到了“点招”名额。后来，黄建龙利用担任市委常委、如城镇党委书记等职务的便利，在土地转让、征地拆迁上给予吴某充分的利益补偿。[①] 有些地方甚至把“点招”演化成高校牟利的快速通道、金钱权力的交易场、滋生腐败的温床，这显然是对招生自主权的滥用。2013 年 12 月初，中国人民大学招生就业处原处长蔡荣生涉嫌招生贪腐案被捕，涉案金额达数亿元，震惊了整个社会，“点招”也是案中一个十分突出的问题。现在高校“点招”比例较小，涉及范围并不大，但它却赤裸裸地把上大学招生演化成看谁钱多、谁门路广的丑行，把“分高者上”替换成“价高者得”的做法毫不掩饰地破坏了高考最基本的公平。目前教育资源已经在地区与地区之间、学校与学校之间、家庭与家庭之间、学生与学生之间出现了越来越大的差异。

---

① 参见李翩翩、于英杰：《如皋一市委常委为让儿子进名校，暗示企业老板出百万》，2014 年 7 月 29 日《扬子晚报》。

20世纪90年代中期，社会阶层出现了固化现象，社会流动中代际传递问题越来越明显，各种“二代”现象渐渐为大家所熟知。不得不说这种现象的出现是与当时的社会背景相契合的，那时权力对市场的侵蚀已经开始，权力寻租已成气候，精英阶层占有丰富的社会资源并获得了巨额财富，社会底层离权力资源、经济资源、文化资源等越来越远。在现代社会中权力资源、经济资源和文化资源三种资源叠加，阶层之间巨大的财富鸿沟逐渐定型，很多人被挤到社会底层甚至被抛离社会，社会底层渐渐因为远离社会资源而失去了向上流动的机会和动力。为防止阶层进一步固化，必须有效规范权力，控制权力对市场资源的侵占。经济市场化了，但权力还是高度集中，大量的经济活动需要政府部门审批。在这种情况下，与权力资源有关的人借助审批权通道，就有机会获得发展所急需的各种社会资源。正如《1997年世界发展报告》中所言：“国家拥有进行高压统治的垄断权。这一垄断既使其获得了一种对经济活动进行有效干预的权力，也使其拥有一种进行随意干预的权力。”①在信息不公开的情况，“这样一种权力与只有政府才能掌握而公众无法获得的信息结合在一起，就为公共部门的官员或他们的亲属通过牺牲公共利益来获取自己的私利提供了良机”②。有学者认为，我国在发展社会主义市场经济的过程中，垄断一直就没有离开，相反“在这个过程中形成的是一个拥有总体资本的不落空阶级”③。吴忠民曾提出，因为政治精英由国家所赋予了强制性的能力，可以合法地使用公共权力，“政治精英群体同其他群体相比，处于优越的位置”。“对于政治精英群体成员能够掌控且有着重要经济利益空间、

---

① 世界银行：《1997年世界发展报告：变革世界中的政府》，蔡秋生等译，中国财政经济出版社1997年版，第100页。

② 世界银行：《1997年世界发展报告：变革世界中的政府》，蔡秋生等译，第100页。

③ 李培林、李强：《中国社会分层》，社会科学文献出版社2004年版，第57页。

同时又必须由经济精英群体成员开发经营的事项，经济精英群体成员从中获得暴利，政治精英群体成员则通过公权进行设租进而分得寻租收入”[①]。依靠公权的密码打开财富之门连西方财团也看出了门道。2013年8月《纽约时报》报道，摩根大通因雇佣中国国内官员子女遭遇美国执法部门调查，以查明其是否通过雇佣中国高官子女，而获得在华从事相关业务的优先机会。[②]

通过对我国目前社会资源配置状况的分析，可以看到在经济资源、权力资源、文化资源、社会保障资源等方面存在很多的问题，主要表现为：第一，社会资源的配置仍保留很深的计划经济痕迹。长期以来，社会资源配置是国家调适市场经济的主导性力量，政府运用行政制度对资源配置进行结构性的约束，这种约束的惯性影响在一定时期会变得特别突出。在利益分配中，对劳动者权益保护还有明显欠缺，劳动者所获得的利益份额明显偏小。这是造成国富民不强的重要经济原因，同时也是社会出现两极分化的经济基础。第二，权力资源对其他社会资源仍居支配地位。政府对资源的高度垄断造成各阶层间配置呈“倒金字塔”状层级传导，离权力越近获得的资源就越多。另外，由于对权力的监管虚置，政商联盟对社会资源的侵占和过度使用现象泛滥，严重挤压了社会中下层获得社会资源的机会。第三，社会资源配置因部门利益阻隔呈碎片化状态，城乡社会资源配置制度各自分离还在继续制造新的不平等。至今仍未建立全国统一的、为国民生存和发展托底的社会保障制度，中产阶层面对不可预知的未来存在严重的“底层陷阱”恐惧和焦灼。第四，社会资源传导的主依赖路径

① 吴忠民:《改革开放以来中国精英群体的演进及问题(上)》,《文史哲》2008年第3期。

② 参见《美国投行摩根大通因雇中国官员子女遭当局调查》,2013年8月19日《新京报(北京)》。

模糊，政府在民生急需的教育、医疗、社会保障领域投入力度明显不足，不仅降低了社会资源的配置效率，而且造成社会公平性长期得不到改善。

从以上分析中可以看出，社会资源的配置关切每个个体生存公平和劳动公平状态，深深地影响着一个人的经济资本、政治资本、文化资本和社会资本的获得，对社会中的个人生存状态，乃至经济地位、政治地位和社会地位的获得有着鲜明的影响作用。获得社会资源是公民最根本的社会权利，公平地使用社会资源体现了政府的良知和社会价值的选择。社会资源是提高社会经济政治运行效率的制度性资源，从根本上影响拥有者的经济和社会利益，对社会分层的形成具有最终帮助者的地位特征。市场经济条件下理想的社会流动模式，是分层机制更加依赖个体的主动选择，或者说在社会地位获得过程中个人努力的回报应逐步上升，而达到这一目标，则需要一系列的社会政策的推动和配合。

第四章　建立新的社会资源配置机制的对策与建议

社会资源配置问题归根结底是将发展机会配置到什么人身上的问题，直接影响社会个体及其阶层的保障与发展能力的形成。在很长一段时期内，我国通过经济改革，逐渐发挥了市场主动性的作用，相对有效地完成了对部分经济资源的配置，今后主要是通过社会改革来优化其他社会资源的配置，这是一次更为深刻的社会利益的调整和重组。社会改革的目标是通过利益再分配推进社会公平化过程，增加底层社会向上流动的机会，从总体上保证每个社会成员享有大致相同的发展机会，让每个阶层都能看到向上流动的机会和希望。

一、关于社会资源配置理念的探讨

与 40 年前改革启动时相比，下一步发展动力和面临的阻力有很大的不同。改革开放之初承接的是“文化大革命”所带来的经济上的倒退与停滞，物质供应长期处于短缺状态，几乎一切生活必需品都需凭票供应，人民的物质生活维持温饱都比较困难，国民经济濒临崩溃的边缘。当时的工人、农民、知识分子都普遍很穷，甚至大多数干部的日子也不好过，从经济上翻身就成为社会各个群体的共识，所以邓小平适时提出“共同富裕”的目标就极具号召力和凝聚力。改革是政府通过利益调整逐渐平衡社会各阶层对社会资源的占有状态，并促使社会发展活力不断释放的一个过程。近 20 年来，我国经济保持两位数的增长，外贸出口和外汇储备连续多年世界第一，国民经济总量已经跃升至世界第二位，国力强盛，人民的生活水平不断提高。

无论是从人均 GDP 水平看，还是从综合国力来看，我国已在 2010 年进入了中等收入国家行列，因此很多学者认为中国当前或未来将会面临“中等收入陷阱”的风险和挑战。大多数踏进中等发展阶段的国家和地区，都长时间滞留在“中等收入陷阱”中，主要有以下三个原因：

一是收入分配问题没有解决好。资本收益和劳动报酬所得之间分配严重失衡，在经济发展过程中出现了严重的贫富两极分化，腐败问题不断泛化、发展成果未能做到由人民共享，一部分社会成员产生了的“相对剥夺感”。刘易斯·科塞(Lewis Coser)在研究社会不平等问题时指出：“相对剥夺比绝对剥夺更可能引起不公平感，更有可能引起被剥夺者的不满与反抗，社会冲突的强度和烈度与相对剥夺感的程度紧密相关。”[①]之所以出现这样的问题，科塞认为主要原因是“绝对剥夺涉及社会下层成员的生产条件，相对剥夺则涉及社会成员发展条件的差别。因此，现代社会中的下层成员，更多的困惑在于相对剥夺”[②]。因为生产条件差异往往被归

① [德]达伦多夫：《现代社会冲突》，林荣远译，中国社会科学出版社 2000 年版，第 176 页。
② [德]达伦多夫：《现代社会冲突》，林荣远译，第 176 页。

咎为客观或者自身因素造成的，而发展条件则认为是由政府制定的政策引发的，社会成员产生相对剥夺感时更容易激化矛盾、引发群体间冲突。另外，这些国家的社会化服务体系和社会保障制度建设没有跟上，致使有“相对剥夺感”的这部分人员连基本的医疗、养老等都没有保障。

这些没有成功跨越中等收入阶段的国家，特别是拉美的国家还与政府的腐败有密切的联系。在经济发展过程中，拉美国家从上到下的腐败问题一直非常严重，许多国家的最高领导人都是腐败分子。如委内瑞拉前总统佩雷斯、阿根廷前总统梅内姆、秘鲁前总统藤森、巴西前总统科洛尔、尼加拉瓜前总统阿莱曼、墨西哥前总统萨利纳斯和哥斯达黎加前总统罗德里格斯等人，都因涉嫌腐败而丢掉了“乌纱帽”。后来有的被起诉，有的被通缉，有的被判入狱。从一国总统到一般老百姓都把腐败当成生存的润滑剂，导致整个社会处于一种悦纳腐败的混乱状态。腐败必然侵蚀民生，加重社会运行成本，导致底层民众陷入相对甚至绝对贫困的窘境之中。在任何社会，贫富两极分化的最终结果必然是社会的大变革，社会资源配置的重新洗牌。

二是经济支柱产业长期停滞于产业低端，没有完成产业结构的提升。主要集中在技术含量较低的劳动密集型、资源消耗性产业，竞争优势来自于劳动力富裕、用工成本低廉，甚至环境要求不高等比较优势。由于没有真正的技术研发，支柱产业一直处于产业链末端，技术含量很低，劳动力素质很难有机会得以提高，因而在产业升级过程中无法替代进高新技术产业，难以形成新的经济增长点，经济结构转型升级失败造成国际竞争优势下降，在比较优势丧失后，经济增长率与资本投资率同步降低，下行压力逐渐增大，整个经济陷入了衰退的恶性循环之中。

三是社会流动性越来越差。精英阶层为了保护既得利益形成了一种精英阶层间的政商联盟，他们垄断了大部分社会资源，在阶层之间设置了各种进入壁垒，利用各种机会构建自己的既得利益，出现了贫富代际传递，造成社会利益结构固化，严重降低了社会流动性，直接威胁社会稳定和经济增长，最终出现经济与贫困化同步上升的现象。

在这三个问题中，社会流动降低的风险最大，它把社会静态的不平等转化为动态的不平等、某个节点上的不平等泛化成长期的不平等，使弱势群体看不到上升的希望。在社会中，如果一部分人生下来就注定一辈子是弱势群体，将构成严重的社会问题。“如果他觉得你把蛋糕都分完了，到我这儿我连汤都喝不到，我的上升空间都没有了，我当然不满意，我就要爆发。”①长贫难顾既是阶层固化的起因，也是结果，使得在经济下层的人难以流动到上层。一个人的贫穷可以归咎为个人因素使然，但贫穷如果长期稳定且与一个人数较多的阶层结缘，不是个人的问题而是社会的问题。大多数学者认为，一个社会最危险的状态就是“穷人失去向上流动的希望”，社会流动减缓或停滞，更致命的威胁是“粉碎了在先赋性条件方面处于弱势的群体通过努力改变生命轨迹、实现人生理想的希望，最终将导致社会紧张和社会冲突”②。根据“木桶原理”，社会动荡的风险“最容易在承受能力最低的社会群体——社会弱势群体身上爆发”③。历史经验证明，弱势群体一旦被激进主义者所利用，极易形成极大的社会破坏性力量，将会危及整个社会的稳定和安全。

在已经处在中等发展阶段的中国，我们或多或少地看到了以上三个问题的影子：人口红利正逐渐消失，制造业的比较优势减弱，投资效率也

---

① 廉思、袁训会：《中国底层青年的生存困境和出路》，共识网，http://www.21ccom.net/articles/china/gqmq/20141113116139.html。

② 姜卫平：《穷人失去向上流动的希望最危险》，2013年5月6日《学习时报》。

③ 张彩萍、高新国：《弱势群体社会支持研究》，兰州大学出版社2008年版，第74页。

令人担心，内需不振的老问题依然存在，特别是居民收入差距扩大已成为当前社会的矛盾焦点。现在改革已经步入深水区，改革意味着原有的目标和改革共识都需要调整，各种利益关系要重新洗牌，必将触及既有利益格局和体制机制。如果依然保持原有的利益分配格局，既得利益者抓住自己的利益不放，社会弱势群体丝毫看不到改变的希望而陷入无尽绝望，整个社会就不可能产生新的改革共识。汪洋曾经说过，30 年前主要是解放思想，冲破传统“姓资姓社”思维方式的束缚，“现在搞改革则要打破既有利益格局的制约。如果只是根据这个利益格局决定改革的取向，那么改革就不可能进行下去”①。只有让所有参与其中社会群体都能分享改革成果，把改善民生作为经济建设、社会建设的主体目标，才能激发人们参与改革的积极性，最大限度地释放生产力。社会资源配置事关全民的核心利益，深化改革仍旧是政府通过利益调整，对生产资料和生产关系的重新配置，以改变目前各阶层对社会资源占有不公平的状况。在社会资源配置过程中，我们必须高度关注以下几个问题：社会资源配置的根本目标必须用来改善民生，通过社会建设调整各阶层之间的利益平衡，运用法治打破权力对社会资源的垄断、资本对社会资源的过度占用，使社会资源能够均衡地覆盖到社会中的每个群体及每个成员。为此，需在社会资源配置理念上达成以下共识：

1. 把公平正义作为配置社会资源的基本理念

公平正义是一个社会运行的基本准则，同时也被视为社会合作的底线。在市场经济发展中，公平正义成为维系各方利益的起点和平衡点。“在公共的层面，尊严观念集中地体现在平等承认的政治之中：民族、族群、

① 汪洋：《深化改革要敢于打破利益格局》，2012 年 1 月 5 日《南方日报》。

性别、阶级等身份差异均必须服从公民的平等权利和尊严。”[①]公平正义的价值理念对于制度设计具有特别的意义，基于“它是社会制度的首要价值”[②]，只有在这个基础建构的制度，才能为各方所接受。社会资源配置只有坚持公平正义才能从总体上保证每个社会成员享有大致相同的发展机会。

贫富两极分化是社会失去对公平正义理念坚守的结果，极大地挫伤了公众的社会公平感。各级政府作为社会的领导力量，应该成为公平正义的化身，整个社会公正体系都应由政府的诚信来引导、推动和保护。如今我们必须重新审视现行社会资源配置的制度安排，并根据公平正义原则来重构或完善社会资源配置政策，本着能够实现共享的目标予以保障与维护社会各阶层的基本权益。现在遇到的最大问题就是社会上层过多地占用社会资源的问题，尤其是政治精英、经济精英、文化精英结盟共谋自己的特殊利益，依然是很严重的社会问题。目前社会上仍有很多教授、学者争当官员，在体制内谋取一官半职；官员通过各种渠道获取博士学位、教授职位，以增加晋升砝码。这种通过权力、金钱结盟手段，以小搏大来获得超额利益，扭曲了社会资源的配置，压缩了其他社会成员的发展空间，形成了发展机会上的明显落差。今后，必须通过建立培植良好的市场秩序和分配秩序，保证竞争机会均等，为社会成员提供基本平等的竞争起点。

2. 打破权力垄断，强化对权力的法律监督

中国改革可以看成让权力释放更多空间给市场的过程，这种让渡使

① 汪晖、陈燕谷主编：《文化与公共性》，三联书店 2005 年版，第 301 页。

② [美]约翰·罗尔斯：《正义论》，何怀宏、何包钢、廖申白译，中国社会科学出版社 1988 年版，第 5 页。

得很大一部分社会资源从行政权力的控制下转向了由市场来配置，从而解放了社会生产力，整个社会的创造力得到了空前的迸发，中国经济也得以在近 40 年里保持高速增长。不过目前行政垄断还广泛地存在着，权力依然高度控制着关键的社会资源，大量的经济活动并不是由市场支配而是需要政府部门审批，市场能够配置的资源仍十分有限，所以很多时候人们只能"不找市场找市长"，导致很多市场竞争变成了社会背景、人情关系的较量。

政府获得的权力越多，政府对资源的集中和配置能力就越强，政府从分配、再分配的大盘里拿去的就越多，相反百姓的利益就可能相应地减少。强势政府发展阶段的决策效率高、社会资源配置能力强，在经济追赶阶段具有特定的管理优势。随着市场力量的增强，政府控制所有社会资源的模式成本越来越高，效率却越来越低。让资源要素自由流动必须把社会资源配置权交还给市场，严格规制行政权力的边界，正如王岐山所说"必须对握有权力的人进行强有力的纪律约束"①，把权力限定在"权力清单"内，普通百姓才可能拥有自己的选择与发展资源，获得平等的竞争机会。党的十九大也明确提出："健全依法决策机制，构建决策科学、执行坚决、监督有力的权力运行机制。"②

3. 利用市场中的利益均衡制约资本

改革之初，人们刚刚从"文化大革命"的噩梦中醒来，经济一片萧条，资金极为匮乏，所以为了吸引国内外的投资资金，几乎把能用的优惠都给了资本。在中国经济高速增长过程中，一部分商人不仅获得了巨额财富，

---

① 王岐山：《必须对握有权力的人进行强有力的纪律约束》，中国网，http://news.jcrb.com/jxsw/201410/t20141030_1445516.html，2014 年 10 月 30 日。

② 本书编写组编著：《党的十九大报告辅导读本》，第 36 页。

同时意外地获得了固化其社会经济地位的良机。另外,他们在拓展商业经营方面获得了越来越多的方便,不仅在投资上受到政府的照顾,同时在某些领域与权力联系越来越密切,只要他们在政治上不存非分之想,就可以受到政府的全方位的保护。这些商人也就有机会通过权力寻租获得大量的社会资源,由此社会财富不断向少数人倾斜,导致贫富差距不断加大,损害社会宏观层面上的公平公正。

当然,我们无法用道德、社会责任来强求资本,任何资本都是逐利的,“天下熙熙皆为利来,天下攘攘皆为利往”[①]。马克思在《资本论》中说:“资本的每个毛孔中都充满着血和肮脏的东西。”西方学者对于资本的贪婪所带来的“富者愈富,贫者愈贫”的马太效应也进行了大量研究。美国经济学家、耶鲁大学教授阿瑟·奥肯(Arthur M. Okun)这样说过:“我为市场欢呼,但我的欢呼不会多至两次。”[②]因为“金钱尺度这个暴君限制了我的热情。一有机会,它会扫尽其他一切价值,把社会变成一架自动售货机”[③]。他认为,必须建立有效的约束制度,尤其是要防止钱权结合或使用金钱去购买权力,建立政商联盟进行利益输送。

马克思甚至主张消灭资本主义私有制,在1867年问世的《资本论》第一卷中,马克思就曾激愤地呼喊:“资本主义私有制的丧钟响起来了,剥夺者被剥夺了。”[④]但被马克思认为已经腐朽不堪的资本主义,依然在“垂死中”顽强地沿着自己的历史轨迹前行。孙中山也提出过“节制资本”,不过这种“节制资本”并不是要消灭私人资本,他也并不反对所有的资本。对此,他曾作过详细解释:“夫吾人之所以持民生主义者,非反对资本,反对

① (西汉)司马迁:《史记·货殖列传》。
② [美]阿瑟·奥肯:《平等与效率》,王奔洲等译,华夏出版社2010年版,第116页。
③ [美]阿瑟·奥肯:《平等与效率》,王奔洲等译,第116页。
④ 马克思:《资本论》第1卷,人民出版社1966年版,第842页。

资本家耳，反对少数人占经济之势力，垄断社会之富源耳。”[①]毛泽东对“节制资本”很早就有论述。1940年，他在《新民主主义论》中指出：“中国的经济，一定要走‘节制资本’和‘均地权’的路，决不能是‘少数人所得而私’，决不能让少数资本家少数地主‘操纵国民生计。’”[②]中华人民共和国建立后不久，通过对资本主义工商业的社会主义改造运动，改造和消灭了资产阶级，政府掌控了主要的社会资源。但在市场经济条件下，资本作为市场的血液，不应当也不可能被消灭了，但也不能任资本信马由缰，政府要有能力驾驭控制它，让它服务于社会发展、服务于民众。

如何对待资本，实际上是中国治理转型中的两难选择，要防止资本贪婪的天性对社会造成伤害，必须建立完整的公共防范机制，使资本为社会整体利益服务。在市场经济条件下，可以充分发挥“市场血液”的作用，通过为消费者提供更多更好的商品和服务来赚取正当利润，无论对社会，对消费者，还是对资本家本身都是有利的。因此只要约束住权力，划清权力和资本的边界，就能将资本贪婪关进制度的笼子里。

4. 保证弱势群体可以共享发展成果

社会越分化，贫富差距越大，社会保护弱势群体的责任就越重，如何处理强势群体和弱势群体之间的关系，就成为考量下一步深化改革能走多远的重要标准。社会改革必须通过保护社会基本流动机制，推行经济平等、政治民主和文化多元方向，给弱势群体的发展留下一条出路。首先，要保护社会弱势群体的合法利益，依法惩治任何侵害弱势群体危害社会稳定的行为。其次，适时对弱势群体发展实行倾斜政策。在市场经济

① 《孙中山全集》第2卷，中华书局2011年版，第338页。

② 《毛泽东选集》第2卷，人民出版社1991年版，第678～679页。

条件下，由于各种原因必然会出现被挤到市场边缘的竞争失败者，政府要利用社会化服务及社会保障制度等给予他们必需的帮助和保护。

国家在配置社会资源时，不能完全与经济效益最大化、价值最大化挂钩，而是要把提高公共资源配置效率与改善弱势群体生存状况结合起来，把改善社会的公平公正状态放在首位；同时，加大教育、医疗等社会保障方面的投入，通过转移支付的形式为人民群众节省开支，帮助弱势群体借助社会的力量重获基本的生存和发展能力，避免精英内卷化和贫穷内卷化同步出现的社会难题。

二、改革社会资源配置的对策与建议

只有优化资源配置方式才能真正产生改革红利，通过国家自上而下的制度建设，维护各阶层的生存公平和发展公平。社会资源配置改革既要有顶层设计，也要有细化保障；既要设置战略目标，也要制定实施路径。我国社会资源配置改革要关注和解决好以下六个方面的问题。

1. 摆正政府和市场的关系，确立市场在社会资源配置中的决定性作用

从资源配置角度来看，简政放权只是一种管理方式的变动，“由市场通过竞争来决定资源配置，还是由政府行政机关用指令来决定资源配置，这是市场经济与计划经济的区别，而不是社会主义与资本主义的区别”①。随着改革的深入，一些政府部门原有配置资源的权力会逐渐弱化

① 鲁品越：《政府建构市场，市场决定资源配给》，《红旗文稿》2014 年第 12 期。

乃至消失是不可避免的。社会改革实际上是政府向市场让渡权力的过程，即让渡社会资源配置的权力。这背后隐含着巨大的利益，这也是为什么政府难以从市场上一退了之的根本原因。姚洋认为来自三大利益集团的阻挠是主因："第一大利益集团是各部委，第二大利益集团是国有企业，第三个就是地方政府。它们各自有各自的权力，都怕动了自己的利益。"①

市场在资源配置中的决定性作用能否得到有效发挥，根本上取决于政府职能和角色的转换。现代政府必须明确承担的"公共服务机构"的职责所在，根据自由、平等的契约关系服务"公民社会"。马克思、恩格斯很早就论述过政府与市民社会的关系。恩格斯指出："绝不是国家制约和决定市民社会，而是市民社会制约和决定国家。"②任何有所作为的政府都要彻底摒弃"赢利"思维，维护各阶层的发展权力、平衡各阶层的利益是其不可推卸的责任。政府无论是站在自己的立场，还是站在资本的立场，都同样是可耻的；只有站在社会大众的立场，才算是有良知、有操守，才能在理念层面从"赢利型经纪人"转向"保护型经纪人"，从"政府管理"转向"政府服务"。

(1)政府是市场公平公正秩序的维护者

政府与市场是一种互补关系，但必须厘清政府与市场的界限。第一，能够由市场公正解决的，政府要坚决退出，转变长期以来政府主导市场发展的局面；政府不能直接干预市场主体的活动，不能直接组织融资和操办项目或者违法设立行政许可和市场准入等。第二，政府有责任保障经济的平稳增长，并为此提供相关的法律和法规，但是必须要明确经济增长的目的是为了满足全社会人民群众日益增长的物质文化需要。经济增长是

① 姚洋：《政府转型的阻碍来自三大利益集团》，2014 年 3 月 20 日《新华日报》。

② 《马克思恩格斯选集》第 4 卷，人民出版社 1995 年版，第 196 页。

一种社会进步的综合增长,是民生的改善下的人民幸福感的增长,包括对民生福利、社会事业及生态效益的财力投入的增长。第三,政府退出市场并不意味着简单地削弱政府的作用或政府完全退出市场。由于市场可能会出现“市场失灵”,单靠市场机制自身的作用无法达到社会资源的最优配置状态。这个时候就需要政府发挥自身优势,对宏观经济实施有效引导和矫正,通过严格细致的监管弥补市场缺陷,为正常发挥市场配置社会资源提供公平的社会环境。这种引导被称为市场经济中“看不见的手”,其主要作用就是保证市场参与主体能够平等地竞争,促进社会资源公平高效地得到利用。

(2)精兵简政,缩小行政审批范围

限制政府规模,是解决当前行政管理中存在的财政负担过重等问题的基础。政府规模的膨胀不仅给社会带来了经济上的负担,而且意味着政府作为社会的统治力量的增强。当政府职能交叉重叠、浑杂混乱到一定程度的时候,非理性的、非规范的管理活动就会泛滥,一项职能由多个机构来承担,不仅会增加政府运行的成本,而且会产生推诿扯皮、效率低下的问题。从各种媒体的报道中可以发现,机构繁杂、“十羊九牧”“九龙治水”造成的另外一个结果是多头管理、无人服务等愈演愈烈。

世界上没有免费的午餐,行政收费实际上是政府部门利用社会资源配置权为自己创设的免费午餐,但结果都是让公众来买单。无论是行政收费,还是各种罚款都是社会资源的转移和流失,最后产生的成本会无一例外地转嫁到民众头上。行政收费、罚款是目前造成物价高企的重要原因,同时更是滋生腐败的温床。如果政府忘记了“公共服务机构”的本质,进入市场创收,把国家当作企业来经营,必然产生利益诉求,行政目标就有可能因自设利益而偏离,也就可能会滑向杜赞奇所说的“赢利型经纪人”。

市场经济实行的是“非禁即入”原则，除法律法规明确规定不能做的，任何有条件的公民都可以自由地进入各个领域和行业，无需等待审批，这是社会鼓励创新发展的基本前提。今后的社会改革必须要严格控制新设行政许可和收费项目，特别是要避免一方面反对权力寻租，推动社会资源配置市场化，另一方面又把更多的社会资源交付行政部门支配的现象。除了防止市场配置资源的盲目性之外，政府管理要逐步减少甚至废止行政审批。政府原则上只对那些市场无法完成并要由政府承担责任的社会建设项目进行审批，即使审批也要推行免费服务或限时审批，以免出现因为利益而产生增加行政审批项目的冲动。

所有行政事业收费和行政罚款必须有严格的程序和监管。如收费标准要经过价格部门严格审批，要凭证收费，要依法开具正规收据，并使用财政部或省级政府财政部门统一印制的财政票据，不能随意乱收费、乱罚款。行政收费和罚款应直接转到国家财政财政专户，或直接转入社会保障基金，不得挪作他用。杜绝收费和罚款按比例抽成和奖励，任何行政收费不上交国库均视为贪污行为。目前我国可以从“三乱”最为严重的道路交通管理入手，以清理道路交通罚款作为试点，逐步清理各种法规制度，严格限制行政执法范围，逐步缩小行政执法权限自由裁量权的范围，从而严格限制行政执法权的使用范围。在目前不能完全取消行政执法的情况下，必须通过法律全面保护被罚款人的合法权益，保护其通过法律手段进行上诉的权利，以维护他们的合法权益。

(3)放开垄断性行业，促进民营经济发展

保证市场在资源配置中起决定性作用，并向垄断行业经营权“开刀”，凡不涉及国家安全的垄断行业全部向社会开放，真正做到“非禁即入”。从改革历程来看，任何一个垄断行业的开放，都会引发全行业的大调整，不仅为资本和人力的进入创造了机会，而且还可以有效地提升投资，促进就业。我国垄断行业的改革始于20世纪90年代中后期，主要是对民航、电信、电力等实行分拆改组改革，但改革进展十分缓慢，因为无论是行业主管部门还是从业者都没有积极性。垄断行业已经习惯了没有竞争对手、坐收丰厚利润，在任何时候改革都会遭到这些既得利益群体的阻挠和反对。国内的金融、能源、石油、铁矿石进口、铁路、民航、通信、电网、保险等行业的垄断行为，已经严重阻碍了经济活力的释放，由于缺少竞争对手，这些企业自己也不思进取，在面临真正强大的国际对手时已经处于劣势，不利于未来的良性发展。打破垄断的关键是竞争，必须取消对不涉及国家核心机密和经济安全行业的垄断保护，简化行政审批流程，有意识地帮助国内民营企业进入这些行业。通过降低准入门槛，打破民间投资的“玻璃门”“弹簧门”，为民间资本进入垄断行业、基础设施、公用事业等创造条件；通过放宽管制为民营企业创造平等的投资环境，营造有利于公开、公平、公正的市场环境，激发经济发展的内生动力，从而促进经济平稳、健康、可持续地增长。

2. 推动收入分配制度改革，千方百计增加居民收入

分配制度是社会资源配置中的核心内容，对于社会的可持续发展至关重要。社会财富分配严重失衡的现实反映的是社会资源配置出了问题，现行分配原则不能体现公平公正，必须针对社会财富分配存在的问题进行改革。

(1)合理地调整政府、企业和居民之间的收入分配关系，增加居民收入

分配制度体现对劳动和劳动者的基本态度，我国的收入分配制度改革方案因既得利益阻挠延宕搁置已久。首先，要尊重劳动和劳动者，切实

提高劳动报酬收入在国民收入中的分配比例；其次，要加大国民收入向劳动收入的倾斜力度，从战略上调整资本所得与劳动所得之间的比例，把提高劳动报酬在初次分配中比重的决策部署落到实处。

(2)调整税收政策，藏富于民

税赋奇高、重复收税、税收去向不明等使国内税收早就成了社会关注的焦点。尽管有专家认为中国现阶段的整体税赋水平不高，但很多调查和研究表明，“中国的税负程度事实上与现有经济发展阶段不符，也与政府财政收入的水平不符”[①]。政府税收增长与居民收入增长严重不对等。根据一般规律，有专家认为：“我国的宏观税负早已超过经济发展阶段相类似的国家的平均水平。”[②]沉重的税赋让我们的制造业平均利润只有 3%，大量的中小企业平均寿命超不过 3 年。虽然减税会造成政府财政收入的减少，但根据“拉弗曲线”来看，减税会更有效地刺激生产和供给，保持物价稳定，有利于充分发挥国内生产和消费潜力，更好地促进经济增长。总体来说，减税利大于弊。轻赋税，减徭役，与民休养生息是富民强国的选择。

在进行社会改革时，国家要根据经济发展阶段考虑新的税源，加强对高收入人群税收征管，尤其是对资本得利的税收进行管理，建立适合我国国情的累进制税收收入和财富税收体系。税收改革的方向应该是减弱社会财富的代际传递趋势，防止财富的沉淀和转移，加速社会财富的流动。在改革开放初期，过分放大了在财富增长中对个人才智因素作用的估量。实际上，财富增长虽然与个人才智有关，但是更多是与其超量使用社会资源相关，从公平角度以及从均衡社会资源考虑，我国也应该对资本得利加收所得税。只有通过遗产税、资金转移税等征管手段，使个人财富社会

① 吴木銮：《减税是藏富于民的最直接方法》，《理论学习》2011 年第 8 期。

② 吴木銮：《减税是藏富于民的最直接方法》，《理论学习》2011 年第 8 期。

化、公益化和透明化，才能保证国家整体财政收支的平衡，国家才有能力将更多的资金用于全民医疗、教育和养老保障等社会建设事业。另外，要继续提高个人所得税起征点，允许中低收入者以各类生活、生产开支抵扣税金，对于不足部分通过转移支付方式予以补齐。如根据负担人口、房租和自住普通住宅的房贷利息等，作为纳税扣除部分返还给纳税人等。总之，国家要从税收政策上设法帮助中低收入者。

(3)运用倾斜政策调整市场失灵，采取积极手段维护弱势群体利益

中国现阶段严重的收入不平等实际是市场失灵和政策设计失败共振的产物，现在必须采取积极的措施予以调整和弥补。对于弱势群体而言，单纯地靠个人努力，已经不足以抵御代际传递和等级再生产带来的巨大冲击。为了避免弱势群体失去流动能力，政府应在建立"均等化"公共服务的基础之上对弱势群体进行援助，这在社会流动中所起的作用可谓弥足珍贵。运用财政政策帮助弱势群体是很重要的手段，所以国家应积极运用转移支付方式的办法将国家福利投入直接划入个人账户等措施，改善低收入者的生活境况。如最低收入政府补贴计划，享受专项政府免费教育、免费医疗补助计划，住房补贴计划等。对于负责任的政府来说，如何花钱本来就不是一件轻松的事情。2015 年，澳门特区政府财政预算将继续推行现金分享计划，即向每名永久居民派发 9000 澳门元。这种做法就很有借鉴意义，对于我国社会中的弱势群体可以先行尝试实施。从弥合社会裂痕的战略高度，国家应认真研究并规划去单极化社会政策的设计，从政策层面切实改善底层百姓的生存与发展状态。

3. 将社会保障是作为配置社会资源的主要路径，确立社会福利增长机制

"中等收入陷阱"的正反例子说明在经济发展完成原始积累后，人民

不仅关注经济总量的有效增长，也会关切财富如何分配，即已经做大的社会财富"蛋糕"如何公平地切分。从财富分配的角度，"蛋糕"的切分更能反映社会的公平。政府收入分配制度不能与企业的收入分配制度混为一谈，企业作为商品物资生产部门，强调的是效率和市场竞争，为提高资源的运转效率，完全可以按绩效分配。政府收入分配制度主要担负调整社会关系、维系社会公平的责任，面对一次分配中出现的收入差距，政府要通过税收和社会保障来予以调整，使之维系在合理的范围内。西方国家一般是通过社会保障的路径稀释、分配社会资源，将解决生存公平、发展公平作为政府调整收入分配的目标。社会保障体系通过实现生存层面的"底线保障"，进而实现底线公平。目前的社会保障制度被巨大的城乡差距、地区差距、收入差距切割得七零八落，社会保障实际处于"碎片化"状态，到现在我国仍然缺乏全国统一的社会保障体系。整合不同社会保障设计是我国面临的首要问题。"整合可以有多种方案，底线公平方案可能是最积极稳妥、切实可行的方案。"[①]也就是说，在确保生存公平和发展公平的基础上推出全国统一的社会保障制度，将底线公平作为社会各阶层利益博弈的平衡点和出发点。在市场经济下，利益关系是一切社会政治生活的原点，政府需要调适各方利益博弈的天平，利用宏观政策抽象出一个所有成员都愿意接受的公共利益空间，然后构筑国家社会保障建设的基础，以此共享经济发展的成果，公平地分享社会发展红利。

(1)通过加大对公共产品的供给，提高社会保障水平

任何时候都要把改善民生作为社会保障的基础目标，社会保障是否有价值关键是老百姓能否从中得到实惠。只有防止社会掉入"有改革无发展"的泥淖，使群众生活不断得以改善，才是发展社会保障的本质。现

① 景天魁:《社会福利发展路径:从制度覆盖到体系整合》,《探索与争鸣》2013 年第 2 期。

在我国亟需在推进社会保障、提高公共服务标准方面作出更大的努力。比如，根据人民群众的生活水平和社会发展的阶段，对公共产品的种类进行整体规划、详细分级，从提供最基本的公共产品入手，推进公共服务的均等化。首先，为确保阶层之间、地区之间收入分配公平，政府应首先加大基础教育与医疗的投入力度。教育投资的是人力资本，医疗是保证健康，这是降低民生成本和决定未来收入高低的关键性因素。其次，要把教育、医疗保障与户籍关系脱离，使每个社会成员都有权享受由政府提供的大致相同的教育、医疗卫生的社会化服务。

（2）取消双轨制，把体现公平性作为完善社会保障制度的基本理念

改革开放之后，政府对公共产品的投入越来越大，但还远未达到普惠众生的目标，主要原因是大量的公共服务资源被少数人垄断，社会上层利用手中的权力，通过制定不公平的程序和机制，更加强化自己对公共资源的过度占用，甚至出现了公共社会资源权贵化倾向①，很多本来属于全社会的公共资源只有少数人有权使用。我国目前实行的社会保障制度也存在类似的问题，这是历史因素和现实矛盾长期积累的结果，其中退休“双轨制”所造成的社会不公最为突出。现在我国60岁以上的老年人基本上都有养老金，但不同户籍、不同体制、不同企业的人退休工资差距巨大，城乡之间更甚，严重违背了公平、公正、普惠的保障原则，影响了社会的和谐与稳定，也制约了经济的持续、健康发展。首先，政府必须以更大的力度推进改革，从公平、公正的原则出发进一步完善社会保障制度，取代现有的不同群体之间差别巨大的社会保障制度设计，避免少数特权阶层侵占太多的社会资源，从而解决每个人的后顾之忧，让老年人生活得更有尊

---

① 参见王小波：《揭中国特色VIP服务乱象：公共资源现权贵化倾向》，2012年7月6日《燕赵都市报》。

严、更加体面。其次，建立每个公民60岁以后都能享受国家统一标准的基本养老保障和医疗保障制度。基础养老和医疗保障实行全国统一划定的标准，不分户籍、职业、区域，全民同等待遇。其他类似企业年金、商业保险可以作为社会保障个性化、差异化的选择。

(3)实施就业优先战略，推进社会保障体系建设

社会学在划分阶层时通常依据三个标准：职业、收入和声望。也就是说，阶层的划分是以职业为基础的，完善的就业结构有助于社会流动。由于人口众多的基本国情，就业问题是我国今后很长一段时期内面临的经济和社会问题。世界银行定义的三条贫困标准中，第一条就是“缺少机会参与经济活动”，这对大多数人来说就是失业状态。一个国家的经济如不能提供大量新的就业岗位和机会，首当其冲的是社会底层的大量工人和农业劳动者将无法获得工作机会，这也是导致贫困的重要原因。如果连基本生计都无从维系，贫困者将更加贫困。正如安东尼·吉登斯(Anthony Giddens)所说：“一份稳定的收入虽不足以保证脱离贫困的生活，但却是一个重要的前提条件。”[①]因此，促进就业在任何社会都是解决贫困的第一选择，没有带来就业岗位的政策设计很难获得民众的支持。

就业是大多数民众参与社会财富分配的主渠道，充分就业是社会公平和稳定的基础。复旦大学世界经济研究所所长华民指出：“一个国家不可能通过对低收入者的补贴或者其他类型的转移支付来形成富裕的中产阶级，要使数量众多的低收入居民成为富裕的中产阶级，使一个国家从贫困的国家经由中等收入发展阶段而发展成发达的工业化国家，必须依靠财富的创造。”[②]对于低收入者来说，就业是最真实、可靠的财富创造的过

---

① [英]吉登斯：《社会学》，赵旭东、齐心等译，北京大学出版社2003年版，第38页。

② 华民：《分好与做大：最佳边界在哪》，《人民论坛》2011年第22期。

程，也是改善生存和发展状态最可靠的保障，是向上发展唯一可信赖的途径。所以，政府要逐步确立有利于扩大就业的经济结构和增长模式，形成更多的就业增长点，千方百计地增加就业机会。只有通过扩大就业，增加劳动者收入，才能真正地推动社会流动。无论何时何地，对社会底层最好的保障就是他自己有一份稳定的工作。

4.把反腐纳入法治化轨道，遏制权力对社会资源的侵占

在社会资源配置过程中，如果行政权力和市场边界不清，就会滋生权力腐败。从经济角度分析，腐败是一个国家财富不均、分配不公最极端的表现，是最不合情理的一种财富不平等。在任何制度下，通过腐败敛财都是获取财富最糟糕、对社会伤害最大的方式。

目前腐败形式花样翻新，最突出的就是政治精英和经济精英相互勾结，他们采用各种手段挤压公众的生存空间，掠夺公众利益。2014 年 10 月，国家发改委价格司先后有 5 名司级官员落马。我国的药价虚高[①]几倍、十几倍甚至是几十倍与这些人密切相关。这些官员为一己之私，从药企收受巨额贿赂，结果纵容了药厂虚抬药价，几乎葬送了中国医疗体制改革，天价药品已经逼得老百姓不敢看病，也看不起病了。2014 年 6 月，财政部副部长王保安接受媒体受访时表示："自 2009～2013 年的 5 年来，全国财政医疗卫生支出累计 30682 亿元，年均增幅 24.4%。"[②]这么巨额的投入，这么大的增幅，在以往是没有的，但吊诡的是，"虽然老百姓个人卫生支出占卫生总费用的比重由 2008 年的 40.4%下降到 2012 年的

① "从芦笋片中标价格是出厂价的 1300%，到恩丹西酮的 2000%；从克林霉素中标价格是出厂价的 2100%，到奈福泮的 6600%、葡醛酸钠注射液的 9137%。"(耿鸿武：《医疗机构"二次议价"，不能还是不想》，《医院领导决策参考》2013 年第 5 期)

② 王晓慧：《公立医院改革明年要搞大动作，医生将由"单位人"变"社会人"》，2014 年 10 月 22 日《华夏时报》。

34.4%,但2012年国家卫生总费用较2008年上涨了91.44%,其中个人支出上涨了64.31%"[①]。怎么会出现国家补贴越高、民众的医药负担反而加重了六成的"怪圈"呢?因为政府的海量资金投入并没有惠及老百姓,药价的飞速上涨完全吞并了政府补贴,同时还大大增加了民众的负担。政府和老百姓的"保命钱"完全流进了药厂、医生、医药代表的腰包。类似的问题还发生在教育和房地产领域。可以说,所有腐败都是拿国家和民众的核心利益来慷一己之慨,不断透支政府公信力和民众凝聚力。腐败的收益是极个别贪官和行贿者,但却是要由整个国家和社会用未来前途来承担的腐败成本。中国目前社会矛盾尖锐,当前大量的社会的问题和冲突皆因贪腐泛滥,而社会对此类违法行为已经熟视无睹,甚至起而仿效,由潜规则变成了显规则,结果必然是有法不依,黑白是非颠倒,公平公正荡然无存。如果延绵长久,就会演变成一种社会灾难。因此,王岐山提出:"党风廉政建设和反腐败是一场输不起的斗争。"[②]这意味着反腐败只能取得胜利,一旦输了或者半途而废,后果不堪设想。

以习近平为总书记的新一代领导人对腐败的巨大危害的认识也异常清醒,执政后雷厉风行,重拳打击贪污腐败,"老虎苍蝇一起打"。从2013年5月到2014年9月,中央33个巡视组巡视了34个地方和单位,反腐成绩斐然:49名省部级官员落马,包括2名副国级官员、3名十八届中央委员、3名候补中央委员。可以说,反腐工作取得了超预期的战果,在一定程度上重创了腐败者的嚣张气焰,激发了党内监督活力,而且反腐已经成为推进深化改革的巨大动力。

---

① 王晓慧:《公立医院改革明年要搞大动作,医生将由"单位人"变"社会人"》,2014年10月22日《华夏时报》。

② 王岐山:《坚持党的领导,依规管党治党,为全面推进依法治国提供根本保证》,2014年11月3日《人民日报》。

(1)建立反腐败法律框架,从权力反腐转向制度反腐

清廉政府有赖于管理者大公无私的奉献和廉洁自律的勤政,但规范各级官员正确使用权力,守住权力的边界,仅仅依靠自律无异于自欺欺人,只有法律和制度才能有效防止和打击腐败。邓小平说:“制度好可以使坏人无法任意横行,制度不好可以使好人无法充分做好事,甚至会走向反面。”[①]依靠制度、依靠法律是国家长期稳定、抑制腐败的基础性选择,制定专门的《反腐败法》势在必行。20世纪中期新加坡的贪污腐败现象相当普遍,“上层黑金化,底层黑社会化”严重阻碍了新加坡社会的正常运行。1959年,新加坡政府痛下决心,将“为了生存,必须廉政;为了发展,必须反贪”作为行动的口号。1960年,新加坡议会通过了《防止贪污法》,在实施过程中数度修改。50多年来,新加坡依靠法律大力进行廉政建设,政府的公信力不断提升。2010年,国际透明度组织为世界上90个国家在1998～2000年度的腐败情况进行了调查和排序,新加坡以其廉洁度排名世界第7位,成为唯一排在世界前10名之内的亚洲国家,由此新加坡也被称为“亚洲最廉洁的国家”。政府廉洁高效,使新加坡经济获得迅速发展,社会治安良好,人民生活幸福,成为少数成功跨越“中等收入陷阱”的国家,跻身亚洲“四小龙”之列。

近些年来,我国领导干部贪污腐败现象呈多发、高发的态势,虽在反腐败高压态势下有收敛,但是腐败分子从根本上已经站在了人民的对立面,他们会毫不犹豫寻找负隅顽抗的机会、或者创造机会反复作祟、阻挠反腐败进程,让反腐败偃旗息鼓。因此,我国应尽早出台《反腐败法》,建立干部财产收入申报、金融实名等一系列科学的反腐败制度,对贿赂的内容和范围、受贿的形式、受贿的主体,尤其是对反贿赂犯罪的机构及其职

① 《邓小平文选》第2卷,人民出版社1994年版,第333页。

权和调查程序等进行明确、详细的规定。

(2)立法建立领导干部财产收入申报制度

美国独立宣言起草人托马斯·杰斐逊(Thomas Jefferson)在担任总统时说:“政府信息公开的重要性如同太阳对空气中的细菌一样重要,也像路灯对防止小偷一样重要。”①官员财产作为政府的信息,当然也需要向人民公开。现行的官员财产公开申报制度可以追溯到230年前的瑞典,从此以后国家公务员任职公开申报财产作为一项制度延续了下来。实践证明,这项制度在世界各国清廉政府建设、杜绝和惩治公职人员腐败中发挥了重要作用。目前,我国已有部分地区推出新任干部财产公开制度。公平性是任何制度的基本起点,我国应该对全部领导干部实行财产公开制度,任何时期的贪污所得都不能放过。但考虑到各方面的因素,在制定与实施领导干部财产公开制度时,可以对不同时期的财产设定一个豁免期,给予自首机会,只要主动坦白并上交非法所得,就可以获得有条件的赦免。当然,对于申报不实的公职人员,情节较轻者也要追究相关法律责任,情节较重已达到巨额财产来源不明罪构成标准的涉嫌贪污受贿者,除没收相应不明财产外,还应当及时移送司法机关处理。通过完整地建立和完善规范收入分配的基础性制度,强化对掌握资源配置权力的政府部门的制度性制约和监督,抑制越演越烈的权钱交易导致的大量非法收入。

首先,加大力度追缴外逃资金,对任何非法转移到国外的资产进行清理。政府可以运用法律手段,要求各国银行予以合作,理清外逃资金,为追缴做好准备。

其次,通过魏鹏远、马超群案件可以看到,现在中小贪官贪污了大量

① 转引自郭道晖:《知情权与信息公开制度》,《江海学刊》2003年第1期。

现金，他们不敢将巨额现金存到银行里，而是选择藏匿于家中或其他地方。针对这种特殊情况，政府可以运用技术手段让贪官将藏在家中现金化为乌有，比如强制使用信用卡、换发新币等措施，让任何不敢暴露在阳光下的非法现金直接作废。

(3)建设清廉社会，需要管辖范围更广的反贪机构

为进一步完善巡视制度，发挥好巡视制度的作用，建议以目前行之有效的巡视制度为依托，成立廉政专属部门，或者是建立有中国特色的廉政公署制度，让巡视制度的内在功效得到最大程度地释放。廉政公署直接受中央政治局领导，独立垂直管理，只在各省一级派驻直属机构，独立于地方党政机构，但可以在同级别单独行使监督权力、检查权力等，不受地方干预。

目前巡视制度设计针对的是党员干部，现在社会腐败现象早已不限于党内干部。除了公共部门领域外，非政府组织、私营部门贿赂犯罪问题也日益显露。腐败造成社会资源分配混乱、经济与社会发展活力丧失，终会酿成大量黑恶现象和诸多激化的社会矛盾。将反腐败纳入经济、文化和社会发展的各个方面，运用制度监督有效地防止各个层面、各种形式的腐败已经刻不容缓。要从社会生产、生活中消灭一切形式的腐败，断绝各种形式的权力寻租，就要建立管辖范围更广的廉政公署。

(4)利用广泛而有效的民主监督反腐败

如何长期稳定地对权力进行制约和监督，是目前政治体制运行中的短板，这也是腐败问题产生的根源。虽然反腐成绩有目共睹，但反腐力道仍有欠缺，监督漏洞依然存在，还有照不进阳光的死角，而且腐败成本和风险仍然较低。在这种情势下，充分运用党内制度反腐是必要的，但反腐败最终要依靠民主监督的途径，依靠群众的支持和参与。反腐旨在重拾民心，如果没有社会的参与和群众的支持，反腐败的道路也只能越走越

窄。因此，要建立和完善人民群众参与反腐的制度设计，确保群众依法有序地参与反腐败。首先，从权力来源来看，我们国家的任何权力都是人民授予的，干部代表群众行使公权力，就应该接受群众的监督。其次，从可操作性来看，官员腐败可能设法逃避上级的监督，但绝无可能完全逃避群众，人民群众的眼睛是雪亮的，只要他们伸手就会或多或少地暴露。让权力在阳光下运行，用好人民的眼睛，接受人民的监督。最后，从利益关系来看，群众与腐败分子有着天然的矛盾。对于群众监督的作用，毛泽东曾说："只有让人民起来监督政府，政府才不敢松懈，只有人人起来负责，才不会人亡政息。"[①]人民群众监督是特殊的监督形式，它的作用是其他监督无法代替的。邓小平曾说："有群众监督比没有群众监督要好一些，会谨慎一些。实行群众监督可以把群众的积极性调动起来。"[②]人民群众监督能够保障每一个阶层的民主权利，民主选拔、监督各级官员，保证社会政治精英的良性循环，及时淘汰不合格的官员。所以在今后的反腐败中，应在健全完善人民群众举报制度、奖励保护举报人制度、腐败案人民陪审员制度等方面要出台细则，让人民群众依法直接行使民主权利，对基层干部、公务员实行民主监督。只要人民群众拥有法律上可操作的反腐败权力，扰乱社会的腐败顽疾就能真正根除。

5. 积极推进教育资源均衡化，维护中下阶层的受教育权

在现代社会中，"教育不仅仅是一种资源，同时也作为一种重要的地位获得机制，与社会阶层的结构以及社会流动之间存在着紧密关联"[③]。

---

① 黄炎培：《延安归来》，文史资料出版社 1982 年版，第 148～149 页。

② 《邓小平文选》第 1 卷，人民出版社 1993 年版，第 271 页。

③ 陈彬莉：《教育：地位生产机制，还是再生产机制——教育与社会分层关系的理论述评》，《社会科学辑刊》2007 年第 2 期。

教育和因教育而获得的技能构成人生最重要的文化资本，是底层人群摆脱贫困最便捷的手段，在更多的时候成为底层人群向上流动唯一可依赖的路径。教育资源是社会资源中的主体内容，合理分配现有的教育资源，对实现社会公平有着特殊的意义。为了使社会各阶层获得基本的教育资源，应该加大教育资源内部分配、城乡分配、区域分配的调整力度，提升政府推进教育公平的能力，将教育资源公平地投放于整个社会。根据目前的教育状况，我们认为应该从下面几个方面着手调整：

(1)增加教育投入，关注教育资源的源头公平

我国财政性教育投入已达到GDP的4.3%，但人均投入仍处于较低水平，教育依然是社会发展中的“短板”。随着物价的上涨，获得教育资源的综合成本越来越高，社会中的一部分人仅靠自己已经无法完成基础教育的任务。赵振华曾研究低收入群体向高收入群体的演变规律，认为虽然低收入群体与高收入群体并不存在不可逾越的鸿沟，但是仅靠低收入群体自己几乎无法完成这一跨越。他提出：“一个低收入者想要获得高收入，首要条件就是人力资本投资(注：主要指教育)，这些投资需要政府、家庭和个人共同承担。”[①]当然，增加教育投入也要采取多种途径和形式，进一步完善政府投入为主、社会广泛参与、多渠道筹措教育经费的体制机制，开源节流解决教育投入，进行教育投资。政府有责任为社会提供质优价廉的幼儿教育、学前教育，真正从制度源头上保证改革举措的公平、高效；对将学前教育纳入义务教育要有战略考虑，千方百计解决学前教育供不应求问题，通过立法把发展学前教育纳入义务教育序列。从教育规律来看，学前教育、幼儿教育的公平，是事关更基本的教育起点公平，对均衡教育资源分配更有特别的价值。

① 赵振华：《当代中国社会各阶层收入分析》，中共中央党校出版社2008年版，第165页。

（2）分区域在全国实现从小学到高中全程免费教育，实现从幼儿园到高中所有公立学校的免费教育

2014年，高中免费首先在新疆喀什、和田、克孜勒苏柯尔克孜、阿克苏4个州开始实施，补贴标准为每人每学期600元，农村户口和城市困难家庭学生可免交三年教材费1300元。现在很多地方因贫辍学不能读完高中的学生还不少，那么我国有没有能力在全国范围内实行高中三年免费教育呢？

从发达国家来看，义务教育基本是涵盖了从小学到高中12年，全部是免费义务教育，连书本费也不收。那我们有没有这个财力？根据国家统计局2014年2月24日发布的统计信息中第十项“教育、科学技术和文化的数据”可以看出，全国有在校高中生2435.9万，按照新疆四地市的标准每人大概每年需要财政补贴1650元，那么全国每年需要400亿。400亿是一个很大的数字，但相对于目前我国每年近2万亿的教育总投入，还是有能力做到的。这一阶段是人生观、世界观和价值观形成到成熟阶段的关键时期，国家帮助每个孩子从经济上相对轻松地走过高中阶段，这些孩子将会有更好的人生发展空间；而对社会来说则可以大幅度提高人才的综合素质。教育投入既能减轻人民群众负担，也是维系社会公平、提高社会整体文明程度的绝佳路径，理应是社会资源配置的核心区域。

（3）杜绝义务教育阶段乱收费问题

教育部门的高收费、乱收费，把更多的低收入阶层挡在了优质学校门外，严重破坏了教育公平。各级政府应下决心禁止任何公立学校乱收费，特别是取消“择校费”，增加资金投入解决广受诟病的教育公平问题。19世纪80年代以前，美国各州就已全部实行“划分学区，就近入学”的政策，不允许公立学校出现择校生，当然对富家子弟入私立学校，或宗教家庭选

择教会学校不作限制。公立学校出现择校现象严重破坏了教育资源的公平使用原则,这种不公平是教学资源不平等引发的。教育管理部门要在教师配备、资金投入、基础设施建设和管理上做到平等公正,尽快实行教师全员流动制度,增强对弱势学校人、财、物的支持力度;通过动态分散优秀的师资力量、财政投入和政策倾斜,缩小公立学校之间教学质量的差距;加快公立教育资源的区域内均衡化、平行化配置,通过教师、教育资源的流动让弱校变强,避免在公立学校中形成所谓的"重点学校""示范学校"。

(4)通过提高大学助学金覆盖范围,帮助低收入家庭学生获得和完成高等教育

高考制度的价值基础就是用公平的方式实现对人才的甄选,这种公平包括不受学生地缘、血缘的影响,不因家庭的贫富、社会地位高低出现差异,高考给了各社会阶层提供了一个大致公平的机会起点。正如学者罗志田在论述中国教育资源应尽量照顾弱势群体时所说:"任何涉及上升性社会变动的制度,总要'使孤远者有望荣进,侥幸者各思还本',才是正路。制度当然以有开放的一面更好,惟其所开放的,应向相对弱势的一方倾斜,而不是为已居优势者锦上添花。"[①]

高等教育不属义务教育,所以高校学费就成为贫困家庭关注的焦点,从本质上而言,它也涉及教育公平。政府出钱办大学,首要的目的是什么呢?在美国,"答案竟然简单得出奇,就是要让符合大学入学条件而又付不起学费的孩子有一个上大学的机会!加州大学系统(UC)就有75000名学生来自低收入家庭,这个数字是美国最高的,而且全部加大有一半的

---

① 罗志田:《科举时代:地域差异之下如何公平选才?》,《中国西部》2012年第9期。

学生完全不付学费”[①]。2014 年，全国多地高校学费上涨，“宁夏高校中文史类、理工农类、医学类的学费涨幅都超过了 50%”[②]，以广州医科大学专业学位研究生为例，“学费每年要交 2.8 万元，住宿费每年 1200 元，‘算下来，读 3 年研究生花费要 8 万多元’”[③]。如果与贫困家庭的实际收入相比较，学费标准就显得比较高了。根据国家统计局数据，2013 年“陕西省农民人均纯收入 6503 元，这还较上年增长了 12.8%”[④]。通算起来很多家庭，特别是贫困家庭的经济状况已经不堪重负，承担不起涨价后的大学学费，穷孩子的人生梦想恐怕就要被高昂的学费挡在了校门外了。当然，教育管理部门已要求适当增加对贫困家庭学生的帮扶力度。高等教育关系千家万户的切身利益，事关国家的未来，也应是社会资源配置的重地，必须考虑效率与公平的均衡关系，确实不该继续用“产业化”的思维去推动高等教育发展了。

首先，国家应当着重加大对“211”重点院校的教育投入，对优秀学生实行学费、杂费全部免费，并且给予适当的生活补贴，每年至少保证 50 万～60万人的招生名额。其次，国家要加大职业技能教育的投入，如在各类职业教育学院加大奖学金和助学金发放力度，免除学费。总之，国家应通过各种措施降低教育成本，使低收入家庭学生可以不受经济窘境的困扰，接受到可以改变自己命运的教育资源，并学有所成，成为社会有用之才。

---

① 王青：《美国为什么没有 985/211 大学？》，网易教育频道综合，2014 年 11 月 17 日，http://edu.163.com/14/1117/10/AB8C66UD00294KMJ.html。

② 郭莹：《全国多地高校学费将上涨，最高涨幅超过 50%”》，2014 年 8 月 8 日《京华时报》。

③ 邓海建：《学费不是高校“想涨就涨”的提款机》，人民网观点频道，2014 年 8 月 8 日，http://opinion.people.com.cn/n/2014/0808/c1003-25431691.html。

④ 郭莹：《全国多地高校学费将上涨，最高涨幅超过 50%》，2014 年 8 月 8 日《京华时报》。

6. 完善各阶层利益诉求表达机制，有效维护各阶层的正当利益

在社会发展过程中，人在社会生产中地位不同，利益诉求不同，从而形成了不同的利益群体。利益多元化是社会发展的基本趋势。社会个体的利益追求和价值取向越来越分散，每个人都希望对社会事务有自己的话语权，并以此表达自己的愿望和维护自身的合法权益。

(1)维护底层人群的发展权，保证弱势群体可以共享发展成果

避免社会结构固化的目的就是让每一个人都能获得向上流动的机会，这就意味着必须给社会底层更多的倾斜政策、更多的政策补偿。一个公平、开放的社会首先应该给社会精英提供足够的拓展空间和稳定的成长环境，保持社会蓬勃向上的发展活力，同时也要给底层民众提供向上流动的渠道。通过制度安排，保障社会底层可以通过自身的努力改变命运，维系一个社会的良善和宽容，存续和培植社会凝聚与合作的基因。

中国封建统治者早就在思考如何不让社会中的弱势群体丧失向上流动的希望，于是出现了"举孝廉""科举制"等极具古人智慧的社会流动路径设计，有梦想就有希望，有希望就不会张狂，通过狭窄的通道保护社会绵弱的流动性，想尽一切方法降低社会对立情绪缓和社会矛盾，这是中国几千年社会结构得以长期维系的重要原因。在现代社会中，邓小平对这个问题的认识越来越深刻。他推动改革开放出发点是解放和发展生产力，但是落脚点却是实现全体人民的共同富裕，当他发现国内贫富差距不断扩大时，随后提出"要利用各种手段、各种方法、各种方案来解决这些问题"[①]。而且，邓小平并没有把这一问题放到遥远的未来，他有一个明确的时间表。邓小平指出："可以设想，在本世纪末(作者注：指 20 世纪)达

---

① 冷溶等主编：《邓小平年谱》，人民出版社 2004 年版，第 1364 页。

到小康水平的时候，就要突出地提出和解决这个问题。”[①]他认为，如果随着社会发展进程的推进，社会财富还是集中在少数社会成员手里肯定是畸形不公平的发展方式，制度安排应该保证任何阶层都可以通过个人劳动，合法地获得社会财富，从而达到共同富裕。

从现在开始，国家应着意避免制度设计上只为少数人服务谋利的“去公平化”思维，把公平公正、合作共享作为基本的发展理念。政府资源配置应更多地向弱势群体倾斜，更多关注社会底层中的弱势群体，政策选择的重心应从单纯地追求GDP增长，转向养老、医疗、教育等社会保障方面的投入和建设，从各方面改善民众的生活状态，降低社会发展成本，把改善民生落到实处。

(2)加快民主化进程，保障各阶层合法的政治权力

在权力侵蚀市场经济的过程中，社会公平机制的缺失造成了贫富差距的不断扩大，社会资源正在向少数人手中转移和集中，整个社会结构由于两极分化发展出现严重失衡，造成社会阶层变动中的内卷化现象。美国民主党热门总统获选人希拉里·克林顿(Hillary Clinton)宣称，她非常赞同《二十一世纪资本论》一书作者的观点，收入不平等正在侵蚀民主的根基，贫富差距扩大正威胁到民主。当然这既不是希拉里的观点，也不是托马斯·皮凯蒂(Thomas Piketty)的原创，查尔斯·蒂利(Charles Tilly)在他的著作中早就论及过这个问题：“从亚里士多德以来的许多分析家都认为，不平等威胁到民主，因为民主政治以参与者之间的平等作为条件，因为极端的不平等鼓励他的受益者在民主政治之外暗中破坏或进行其他选择。”[②]市场经济奉行的是竞争原则。从资本和劳动者的客观地位来

① 《邓小平文选》第3卷，人民出版社1993年版，第374页。

② [美]查尔斯·蒂利：《身份、边界与社会联系》，谢岳译，上海人民出版社2008年版，第211页。

看，劳动者是天然弱势的一方，而资本的强势在市场经济条件下越来越凸显，如果让资本决定一切，必然会出现贫者愈贫、富者愈富的“马太效应”。如果不将民主权力落到实处，那么，普通民众对强势阶层面前没有话语权，更谈不上制约资本、限制权力，同时，还会导致出现精英集团对社会资源的垄断性占有，社会不平等将从社会各个领域中泛化出来。

被称为美国“人民的律师”、大法官路易斯·布兰代斯(Louis Brandeis)在几十年之前曾向美国发出这样的警告：“我们可以使这个国家实现真正的民主，或者我们可以使巨大财富集中在少数人手中，但我们无法两者兼而有之。”[①]布兰代斯作为美国底层“草根”的代言人，非常清楚在财富两极分化的情况下，精英阶层会使民主的声音强弱不均。民主化和富人的利益是不能协调的，不能指望富人会给穷人带来民主。反过来社会中下层拥有民主权力将会有效约束资本，防止因为财富两极化引发社会冲突。在贫富分化不太严重的社会中，无论是占有资源还是没有资源的人，都不愿意看到大规模的社会冲突出现。

任何国家发展市场经济时都必须培植与之相适应的政治民主，如果没有合适的监督体制作保障，政府的权力不受约束节制，资本肆意妄为，贪婪无度，那么政府干预终如抱薪救火，必然会导致权钱交易泛滥。因为政府如把监管市场变为主导市场，大量的资源极可能被行政权力垄断并寻租，市场经济的运行机制会被彻底扭曲，权力和市场力量的相互叠加会加速社会不公平的形成。所以，公平社会的形成需要社会各阶层拥有可执行的、平等的政治权力。我们国家的一切权力属于人民，法理上是人民授权公职人员行使国家权力。人民群众既要监督权力，更要分享权力。

---

① Robert Lenzner,“The Top 0.1% of The Nation Earn Half of All Capital Gains,”福布斯中文网，2011年11月22日，http://www.forbeschina.com/review/201111/0013553.shtml。

邓小平说过："要切实保障工人农民个人的民主权利，包括民主选举、民主管理和民主监督。"[①]"把权力下放给基层和人民，在农村就是下放给农民，这就是最大的民主。"[②]解决民生问题，避免社会矛盾激化，要从赋予社会底层民主权力入手，"现代民主制度也是驾驭资本比较有效的制度。这是劳动和资本经过千百次博弈中产生的制度，是社会实践在千百次试错中产生的制度"[③]。保证人民的意志顺利地进入政治制度设计中，让他们能够有权监督上层，制约资本，防止上层精英结盟成为左右社会发展的既得利益集团。

总之，中国社会现在进入了一个新的发展阶段，面临着经济转型和社会重构的重大课题。但是社会重构这个命题需要的是不断完善社会结构使之符合现代社会的要求，社会的金字塔结构在短期内难有大的改观，中产阶级依然羸弱，社会流动变得越来越困难。在这种情形下，政府只有通过社会资源的配置，通过向各个阶层释放经济资源、文化资源、权力资源，平衡各阶层的利益关系，重聚社会共识，为全社会提供一个相对畅通的社会流动渠道，增加社会流动性，鼓励社会成员发挥流动中后致性因素的积极作用，使年轻人跨越阶层鸿沟，真正建立起一个强大的中产阶级，以此构建合理的社会阶层结构，以此抵消贫富差距过大带来的负面效应，才能破解社会结构代际传递的难题。

在经济取得巨大成功的同时，社会改革已明显滞后，利益分配出了问题，继续推进改革摆在新一代领导人面前，应当看到深化改革的难度不亚于邓小平推动改革开放。目前横立在改革之路上最大障碍就是利益集团，他们人数不多，但是手中权力资源、经济资源甚至文化资源相当丰富。

① 《邓小平文选》第2卷，人民出版社1993年版，第146页。
② 《邓小平文选》第3卷，人民出版社1993年版，第252页。
③ 杨继绳：《制衡权力，驾驭资本》，《中国改革》2009年第1期。

他们已经建立了稳定的既得利益，势力庞大，关系盘根错节，尾大不掉，深化改革就是要把他们多吃多占利益拿出来，携手共克时艰变成利益博弈。鲁迅先生在许多年前说过："可惜中国太难改变了，即使搬动一张桌子，改装一个火炉，几乎也要血；而且即使有了血，也未必一定能搬动，能改装。"[①]而深化改革是实实在在利益让渡，可以想象进程必然艰难曲折。

面对僵局需要更多的智慧，重新界定并厘清政府和市场的关系，维护市场调节资源主渠道的作用，但更需要透明权力、法治政府。正如李克强所言"再深的水我们也得趟，因为别无选择，它关乎国家的命运、民族的前途。"[②]执政者必有足够的胸怀和胆略依靠人民、求智人民，顺应13亿人民的意志坚定地推进社会改革，真正从制度上保障人民至高无上地位，把人民的愿望纳入到各项社会政策中，坚守"权为民所用，情为民所系，利为民所谋"的价值立场。正如习近平总书记所言，"坚持不忘初心、继续前进"，就是"要坚信党的根基在人民、党的力量在人民，坚持一切为了人民、一切依靠人民，充分发挥广大人民群众积极性、主动性、创造性，不断把为人民造福事业推向前进"[③]。在党的十九大报告中习近平总书记明确提出："坚持反腐败无禁区、全覆盖、零容忍，坚定不移'打虎''拍蝇''猎狐'，不敢腐的目标初步实现，不能腐的笼子越扎越牢，不想腐的堤坝正在构筑，反腐败斗争压倒性态势已经形成并巩固发展。"[④]与人民在一起，我们党可以放手与任何腐败滥权势力和各种既得利益集团一搏，中国的命运仍掌握在党和人民手中，"通过不懈努力换来海晏河清、朗朗乾坤"。

---

① 鲁迅：《娜拉走后怎样?》，《鲁迅全集》，人民文学出版社1981年版，第164页。

② 李克强：《触动利益比触及灵魂还难　再深的水也得趟》，中国新闻网，2013年3月17日，http://www.chinanews.com/gn/2013/03-17/4650201.shtml。

③ 习近平：《在庆祝中国共产党成立95周年大会上的讲话》，2016年7月2日《人民日报》第2版。

④ 本书编写组编著：《党的十九大报告辅导读本》，第8页。

主要参考文献

一、中文文献

1. 秦言:《中国中产阶层——未来社会结构的主流》,中国计划出版社1999年版。

2. 边燕杰等主编:《市场转型与社会分层:美国社会学者分析中国》,三联书店2002年版。

3. 孙立平:《断裂:20世纪90年代以来的中国》,社会科学文献出版社2003年版。

4. 郑杭生、李路路等:《当代中国城市社会结构现状与趋势》,中国人民大学出版社2004年版。

5. 陆学艺:《当代中国社会流动》,社会科学文献出版社2004年版。

6. 李竞能:《现代西方人口理论》,复旦大学出版社2004年版。

7. 中国发展研究基金会:《中国人类发展报告2005:追求公平的人类发展》,中国对外翻译出版公司2005年版。

8. 李春玲:《断裂与碎片:当代中国社会阶层分化的实证研究》,社会科学文献出版社 2005 版。

9. 国家统计局:《中国统计年鉴(2007)》,中国统计出版社 2007 年版。

10. 郑功成:《中国社会保障改革与发展战略:理念、目标与行动方案》,人民出版社 2008 年版。

11. 李强:《社会分层十讲》,社会科学文献出版社 2008 年版。

12. 李强:《当代中国社会分层:测量与分析》,北京师范大学出版社 2010 年版。

13. [美]塞缪尔·亨廷顿:《变化社会中的政治秩序》,王冠华译,三联书店 1989 年版。

14. [古希腊]亚里士多德:《政治学》,吴寿彭译,商务印书馆 1996 版。

15. [美]阿尔文·古尔德纳:《新阶级与知识分子的未来》,杜维真译,人民文学出版社 2001 年版。

16. [美]保罗·福塞尔:《格调:社会等级与生活品味》,广西人民出版社 2002 年版。

17. [美]安妮特·拉鲁:《不平等的童年》,张旭译,北京大学出版社 2010 年版。

18. 路风:《单位:一种特殊的社会组织形式》,《中国社会科学》1989 年第 1 期。

19. 袁华音:《社会意识与社会问题》,《上海大学学报(社会科学版)》1995 年第 6 期。

20. 李培林:《流动民工的社会网络和社会地位》,《社会学研究》1996 年第 4 期。

21. 李汉林、李路路:《资源与交换——中国单位组织中的依赖性结构》,《社会学研究》1999 年第 4 期。

22. 杨云彦、陈金永:《转型劳动力市场的分层与竞争——结合武汉的实证分析》,《中国社会科学》2000 年第 5 期。

23. 袁志刚、朱国林:《消费理论中的收入分配与总消费——及对中国消费不振的分析》,《中国社会科学》2002 年第 2 期。

24. 陈陈:《家庭教养方式研究进程透视》,《南京师范大学学报(社会科学版)》2002 年第 6 期。

25. 蔡禾、吴小平:《社会变迁与职业的性别不平等》,《管理世界》2002 年第 9 期。

26. 王美艳:《转轨时期的工资差异:歧视的计量分析》,《数量经济技术经济研究》2003 年第 5 期。

27. 李培林、张翼:《走出生活逆境的阴影——失业下岗职业再就业中的"人力资本失灵"研究》,《中国社会科学》2003 年第 5 期。

28. 林南:《社会网络与地位获得》,《马克思主义与现实》2003 年第 2 期。

29. 李春玲:《社会政治变迁与教育机会不平等——家庭背景及制度因素对教育获得的影响(1940~2001)》,《中国社会科学》2003 年第 3 期。

30. 郑杭生、刘精明:《转型加速期城市社会分层结构的划分》,《社会科学研究》2004 年第 2 期。

31. 王天夫、王丰:《中国城市收入分配中的集团因素:1986~1995》,《社会学研究》2005 年第 3 期。

32. 边燕杰、刘勇利:《社会分层、住房产权与居住质量——对中国"五普"数据的分析》,《社会学研究》2005 年第 3 期。

33. 方长春:《家庭背景与教育分流:教育分流过程中的非学业性因素

分析》,《社会》2005 年第 4 期。

34. 李强:《“丁字型”的社会结构与“结构紧张”》,《社会学研究》2005 年第 2 期。

35. 易定红、廖少宏:《中国产业职业性别隔离的检验与分析》,《中国人口科学》2005 年第 4 期。

36. 刘精明:《高等教育扩展与入学机会差异:1978—2003》,《社会》2006 年第 3 期。

37. 李煜:《制度变迁与教育不平等产生机制——中国城市子女的教育获得(1966—2003)》,《中国社会科学》2006 年第 4 期。

38. 谭玉清:《中国城乡居民收入差距的现状及对策分析》,《管理科学文摘》2007 年第 7 期。

39. 李路路、李升:《“殊途异类”:当代中国城镇中产阶级的类型化分析》,《社会学研究》2007 年第 6 期。

40. 李培林、张翼:《中国中产阶级的规模、认同和社会态度》,《社会》2008 年第 2 期。

41. 张翼:《当前中国中产阶层的政治态度》,《中国社会科学》2008 年第 2 期。

42. 洪岩璧、钱民辉:《中国社会分层与教育公平:一个文献综述》,《中国农业大学学报》2008 年第 4 期。

43. 吴愈晓、吴晓刚:《1982～2000:我国非农职业的性别隔离研究》,《社会》2008 年第 5 期。

44. 李黎明、李卫东:《阶层背景对本科毕业生职业地位获得的影响——市场转型与分割的阶层再生产》,《社会》2009 年第 5 期。

45. 金成武:《城镇劳动力市场上不同户籍就业人口的收入差异》,《中国人口科学》2009 年第 4 期。

46. 原新、韩靓:《多重分割视角下外来人口就业与收入歧视分析》,《人口研究》2009 年第 1 期。

47. 郭小平:《论阅读分层与高端杂志的中间阶层定位》,《中国出版》2009 年第 1 期。

48. 郑辉、李路路:《中国城市的精英代际转化与阶层再生》,《社会学研究》2009 年第 6 期。

49. 怀默霆:《中国民众如何看待当前的社会不平等》,《社会学研究》2009 年第 1 期。

50. 李春玲:《高等教育扩张与教育机会不平等——高校扩招的平等化效应考查》,《社会学研究》2010 年第 3 期。

51. 黄庐进:《转型时期中国中产阶级消费结构变动分析》,《统计与决策》2010 年第 11 期。

52. 姚亚文、赵卫压:《中国城乡劳动力工资收入差异现状及原因浅析》,《中国人口科学》2010 年增刊。

53. 严善平:《中国大城市劳动力市场化的结构转型:对 2003 年、2009 年上海就业调查的实证分析》,《管理世界》2011 年第 9 期。

54. 仇立平、肖日葵:《文化资本与社会地位获得——基于上海市的实证研究》,《中国社会科学》2011 年第 6 期。

55. 李骏、顾燕峰:《中国城市劳动力市场中的户籍分层》,《社会学研究》2011 年第 2 期。

56. 王宁、严霞:《两栖消费与两栖认同——对广州市 J 工业区服务业打工妹身体消费的质性研究》,《江苏社会科学》2011 年第 4 期。

57. 胡建国:《社会流动对收入分配公平感的影响——中国公众收入

分配公平感的在探讨》,《人文杂志》2012 年第 6 期。

58. 陈云松:《农民工收入与村庄网络:基于多重模型识别策略的因果效应》,《社会》2012 年第 4 期。

59. 郭菲、张展新:《流动人口在城市劳动力市场中的地位:三群体研究》,《人口研究》2012 年第 1 期。

60. 张顺、程诚:《市场化改革与社会网络资本的收入效应》,《社会学研究》2012 年第 1 期。

61. 章元、E. M. Mouhoud、范英:《异质的社会网络与民工工资:来自中国的证据》,《南方经济》2012 年第 2 期。

62. 谢桂华:《中国进城务工人员的人力资本回报与社会融合》,《中国社会科学》2012 第 4 期。

63. 梁晨、李中清等:《无声的革命:北京大学与苏州大学学生社会来源研究(1952～2002)》,《中国社会科学》2012 年第 1 期。

64. 王威海、顾源:《中国城乡居民的中学教育分流与职业地位获得》,《社会学研究》2012 第 4 期。

二、外文文献

1. Bauer John and Feng Wang, "Gender Inequality in Urban China: Education and Employment," *Modern China*, 1992(18):333-370.

2. Broaded C. Montgomery and Chongshun Liu, "Family Background, Gender and Educational Attainment in Urban China," *The China Quarterly*, 1996(145):53-86.

3. Buchmann Claudia and Thomas A. DiPrete(eds.), "Gender Inequalities in Education," *Annual Review of Sociology*, 2008(34): 319-337.

4. Jacobs Jerry A., "Gender Inequality and Higher Education," *Annual Review of Sociology*, 1996(22):153-185.

5. Parish William L. and Robert J. Willis, "Daughters, Education, and Family Budgets Taiwan Experiences," *The Journal of Human Resources*, 1993(28):863-898.

6. Shavit Yossi and Hans-Peter Blossfeld, *Persistent Inequality: Changing Educational Attainment in Thirteen Countries*, Boulder, Colo.: Westview Press, 1993.

7. Duane F. Alwin and Michael Braun(eds.), "The Separation of Work and the Family: Attitudes towards Women's Labour-Force Participation," *European Sociological Review*, 1992(8):13-37.

8. Bandura Albert, *Social Learning Theory*, *Englewood Cliffs*, NJ: Prentice Hall, 1977.

9. Becker Gary, *Human Capital*, New York: Columbia University Press, 1975.

10. Baxer Janeen and Emily W. Kane, "Dependence and Independence: A Cross-National Analysis of Gender Inequality and Gender Attitudes," *Gender and Society*, 1995(9):193-215.

11. Berk Sarah Fenstermaker, *The Gender Factory: The Apportionment of Work in American Households*, New York: Plenum, 1985.

12. Bourdieu Pierre and Jean Claude Passeron, *Reproduction in Education*, Society and Culture, London: Sage, 1977.

13. Brewster Karin L. and Irene Padavic, "Changes in Gender-Ideology,1977-1996: The Contributions of Intracohort Change and Population Turnover," *Journal of Marriage and Family*, 2000(62):477-487.

14. Brooks Clem and Bolzendahl Catherine, "The Transformation of US Gender Role Attitudes: Cohort Replacement, Social Structural Change, and Ideological Learning," *Social Science Research*, 2004 (33): 106-133.

15. Cassidy Margaret L. and Bruce O. Warren, "Family employment status and gender role attitudes," *Gender & Society*, 1996 (10): 312-329.

16. Cherlin Andrew and Pamela Barnhouse Walters, "Trends in United States Men's and Women's Sex Role Attitues:1972-1978," *American Sociological Review*, 1981(46):453-460.

17. Chodorow N., *The Reproduction of Mothering: Psychoanalysis and the Sociology of Gender*, Berkeley: University of California Press, 1978.

18. Cotter David and Joan M. Hermsen(eds.), "The End of the Gender Revolution? Gender Role Attitudes from 1977 to 2008," *American Journal of Sociology*, 2011 (117):259-289.

19. Davis N. J. and R. V. Robinson, "Men's and Women's Consciousness of Gender Inequality: Austria, West Germany, Great

Britain, and the United States," *American Sociological Review*, 1991 (56):72-84.

20. Ganzeboom Harry B. G. and Paul M. De Graaf, "A Standard Intenational Socio-Economic Index of Occupational Status," *Social Science Research*, 1992(21): 1-56.

21. Glass J., "Housewives and Employed Wives: Demographic and Attitudinal change, 1972-1986," *Journal of Marriage and the Family*, 1992(54): 69-559.

22. Hannum Emily, "Market Transition, Educational Disparities, and Family Strategies in Rural China: New Evidence on Gender Stratification and Development," *Demography*, 2005 (42):275-299.

23. Helen Dryler, "Parental Role Models, Gender and Educational Choice," *The British Journal of Sociology*, 1998 (3):375-398.

24. Hochschild Arlie, *The Second Shift*, New York: Viking Penguin, 1989.

25. Huber J. and G. Spitze, "Wives' Employment, Household Behaviors, and Sex-role Attitudes," *Social Forces*, 1981(60):150-169.

26. Husbands Christopher T., "The 'Threat Hypothesis' and Racist Voting in England and the United States," in R. Miles and A. Phizacklea (eds.), *Racism and Political Action in Britain*, London: Routledge&Kegan Paul, 1979, pp. 147-183.

27. Kane Emily W. and Laura Sanchez, "Family Status and Criticism of Gender Inequality at Home and at Work," *Social Forces*, 1994

(72):1079-1102.

28. Kluegel James R. and Eliot R. Smith, *Beliefs About Inequality*, New York: Aldine, 1986.

29. Kluegel James R., "Trends in Whites's Explanations of the Black-White Gap in Socioeconomic Status, 1977-1989," *American Sociological Review*, 1990 (55): 25-512.

30. Lipset Seymour Martin, *Political Man*, London: Heinemann, 1960.

31. McHale S. M. & Huston T. L., "Men and Women as Parents: Sex Role Orientations, Employment, and Parental Roles with Infants," *Child Development*, 1984 (55): 1349-1361.

32. Panayotova Evelina and April Brayfield, "National Context and gender ideology: Attitudes toward women's employment in Hungary and the United States," *Gender & Society*, 1997 (11):627-655.

33. Pluzter Eric, "Work Life, Family Life, and Women's Support of Feminism," *American Sociological Review*, 1988(53):640-649.

34. Becker Gary, *A Treatise on the Family*, Cambridge: Harvard University Press, 1991.

35. Blau P. M. and Duncan O. D., *The American Occupational Structure*, New York: Wiley, 1967.

36. Brodsgard K. E. "China's Cadres and Cadre Management System," in Wang Gungwu and Zheng Yongnian, *Damage Control: The Chinese Communist Party in the Jiang Zemin Era*, Singapore: Singa-

pore University Press, 2003.

37. Centra, J. A. and Gaubatz N. B, "Is There Gender Bias in Student Evaluations of Teaching?" *The Journal of Higher Education*, 2000 (71): 17-33.

38. Ganzeboom Harry B. G. and Donald J. Treiman (eds.), "Comparative Intergenerational Stratification Research: Three Generations and Beyond," *Annual Review of Sociology*, 1991 (17): 277-302.

39. Granovetter Mark, *Getting a Job: A Study of Contacts and Careers*, Cambridge, MA: Harvard University Press, 1974.

40. Hauser Robert M. and David L. Featherman, "Equality of Schooling: Trends and Prospects," *Sociology of Education*, 1976 (49): 99-120.

41. Kanter R. M. *Men and Women of the Corporation*. New York: Basic Books, 1977.

42. Lee H. Y., *From Revolutionary Cadres to Party Technocrats in Socialist China*, Berkeley CA: University of California Press, 1991.

43. Parkin Frank, *Maxism and Class Theory: A Bourgeois Critique*, New York: Columbia University press, 1979.

44. Blau P. M. and Duncan O. D., *The American Occupational Structure*, New York: Wiley, 1967.

45. Brodsgaard K. E., "China's Cadres and Cadre Management System," in Wang Gungwu and Zheng Yongnian, *Damage Control: The Chinese Communist Party in the Jiang Zemin Era*, Singapore: Singa-

pore University Press , 2003.

46. Centra J. A. and Gaubatz N. B. , "Is There Gender Bias in Student Evaluations of Teaching?" *The Journal of Higher Education*, 2000 (71): 17-33.

47. Lin Nan and Yanjie Bian, "Getting Ahead in Urban China," *American Journal of Sociology*, 1991(97):657-688.

48. Parkin Frank, *Maxism and Class Theory: a Bourgeois Critique*, New York: Columbia University Press, 1979.

49. Wright E. O. , *Class Counts: Comparative Studies in Class Analysis*, New York: Cambridge University, 1997.

50. Giddens A. , *The Class Structure of The Advanced Societies*, New York: Harper & Row, 1973.

51. Parkin F. , "Class Stratification in Socialist Societies," *British Journal of Sociology*, 1969 (4): 355-374.

52. Goldthorpe J. H. and Catriona Liewellyn (eds.), *Social Mobility and Class Structure In Modern Britain*, Oxford: Clarendon Press, 1980.

53. Lipest Seymour M. and Reinhard Bendix, "Social Mobility in Industrial Society," in Seymour M. Lipest & Reinhard Bendix(eds.), *Social Mobility in Industrial Society*, University of California Press, 1959.

54. Aigner Dennis J. and Glen C. Cain, "Statistical Theories of Discrimination in Labor Markets." *Industrial and Labor Relations Re-*

view, 1977(30).

55. Anker Richard, "Theories of Occupational Segregation by Sex: An Overview," *International Labor Review*, 1997(136):315-339.

56. Anker Richard, *Gender and Jobs: Sex Segregation of Occupation in the World*, Geneva: International Labor Office, 1998.

57. Arrow Kenneth, "The Theory of Discrimination," in O. Ashenfelter and A. Rees (eds.), *Discrimination in Labor Markets*, Princeton N. J.: Princeton University Press, 1973.

58. Barbara F. Reskin, "Labor Markets as Queues: A Structural Approach to Changing Occupational Sex Composition in Joan Huber," *Mico-Macro Linkages in Sociology*, 1991:pp. 170-186,188-192.

59. Charles Maria & David B. Grusky, *Occupational Ghettos: The Worldwide Segregation of Women and Men*, Stanford, CA: Stanford University Press, 2004.

60. Donald Tomaskovic-Devey, *Gender and Racial Inequality at Work: The Sources an Consequences of Job Segregation*, Ithaca, NY: ILR, 1993.

61. England P., *Comparable Worth: Theories and Evidence*, NY: Aldine, 1992.

62. Jacobs Jerry, *Revolving Doors: Sex Segregation and Women's Careers*, Stanford, CA: Stanford University Press, 1989.

63. Marini Margaret Mooney and Mary Briton, "Sex Typing in Occupational Socialization. "in Barbara F. Reskin, *Sex Segregation in the-*

Workplace: Trends, Explanations, Remedies. D. C.: National Academy Press, 1984.

64. Maria Charles, "Cross-National Variation in Occupational Sex Segregation," *American Sociological Review*, 1992(57):483-503.

65. Parish William L. & Sarah Busse, "Gender and Work," in Wenfeng Tang & William L. Parish (eds.), *Chinese Urban Life under Reform*, NewYork: Cambridge University Press, 2000.

66. Featherman D. L. & Jones F. L. (eds.), "Assumptions of Social Mobility Research in the United States: The Case of Occupational Status," *Social Science Research*, 1975(4): 329-340.

67. Blau P. M. and Duncan O. D., *The American Occupational Structure*, New York: John Wiley Press, 1967.

68. Encel S., *Equality and Authority: A study of Class, Status and Power in Australia*, London: Tavistock, 1970.

69. Erikson R. Goldthorpe and J. H. (eds.), "International Class Mobility in Three Western European Societies," *British Journal of Sociology*, 1979 (4):415-441.

70. Heath A. F. and Britten N., "Women's jobs do make a difference: A Reply to Goldthorpe," *Sociology*, 1984(18): 475-490.

71. Hout M., "How Inequality May Affect Intergenerational Mobility," in K. M. Neckerman (ed.), *Social Inequality*, New York: Russell Sage Foundation, 2004.

72. Goldthorpe J. H. and Mills C., "Trends in Intergenerational Class

Mobility in Britain in the Late Twentieth Century," in R. Breen (eds.), *Social Mobility in Europe*, Oxford University Press, 2004:195-224.

73. Acock Alan C. and Vern L. Bengtson, "On the Relative Influence of Mothers and Fathers: A Covariance Analysis of Political and Religious Socialization," *Journal of Marriage and the Family*, 1978(40): 519-530.

74. Cassidy Margaret L. and Bruce O. Warre "Family employment status and gender-role attitudes," *Gender & Society*, 1996(10):312-329.

后 记

本书是国家社会科学基金研究课题“我国社会资源配给定量评价与社会分层关系研究”的研究成果，由课题组成员分工合作撰写完成，整个研究凝聚了课题组研究人员、协作单位调查人员的心血，得以顺利完成是团队合作的结果。

作为课题组负责人和本书稿的牵头和协调人，在此对课题组全体成员表示诚挚的谢意，借此机会感谢山东省人民政府政策研究室、山东省人力资源和社会保障厅、山东省统计局、山东省社科院对课题研究的慷慨相助和数据支持，并向为课题研究提出建议、提供帮助的相关专家及同事们表示感谢。

无论从哪个方面来看，社会资源都是人类社会生存和发展的基础，是社会成员进行各类活动的基本前提。在任何社会中，社会资源按照什么样的规则在社会成员之间进行配置是至关紧要的，这既是社会利益的平衡点，也是社会矛盾的冲突点。我国社会阶层结构变动的复杂性正是基于社会资源配置中各种问题的复杂性，从经济到政治、从文化到理念、从历史到现代、从生产到消费、从原则到目标等有一系列的问题需要研究，课题组希望本书能为其他研究人员起到抛砖引玉的作用。

由于各种客观因素加上理论水平、调查经验、研究资料、数据获取的局限，书稿中的观点、资料一定存在不准确甚至谬误之处，真诚希望各位专家予以批评指正。

王申贺

2018 年 3 月 9 日